Eine Wortmeldung

Heinz Fischer

EINE WORTMELDUNG

ecowin

FSC
www.fsc.org
MIX
Papier aus verantwortungsvollen Quellen
FSC® C012536

Gesetzt aus der Palatino, Helvetica Extra Compressed, Helvetica Neue Light

Medieninhaber, Verleger und Herausgeber:
Red Bull Media House GmbH
Oberst-Lepperdinger-Straße 11–15
5071 Wals bei Salzburg, Österreich

Satz: MEDIA DESIGN: RIZNER.AT
Druck: Buch.Bücher Theiss, www.theiss.at

ISBN 978-3-7110-0118-4

1 2 3 4 5 6 7 8 / 19 18 17 16

Für unsere Enkelkinder

Inhaltsverzeichnis

Nichts kommt von selbst

Ich möchte, dass es meinen Kindern und meinen Enkelkindern auch in Zukunft gut geht.

Diesen Wunsch haben sicher auch viele von Ihnen, liebe Österreicherinnen und Österreicher. Aber glauben Sie, dass das von selbst kommt? Gewissermaßen automatisch? Das wäre ein großer Irrtum.

Wie Österreich in 15 oder in 40 Jahren aussehen wird, hängt von vielen Faktoren ab. Manche dieser Faktoren liegen auch außerhalb der Grenzen unseres Landes.

Aber einer der wichtigsten jener Faktoren ist unser Wille. Unsere Wachsamkeit. Unsere Bereitschaft, uns zu engagieren. Man muss eine auf Fakten beruhende, gut überlegte Meinung haben und mit Nachdruck für sie eintreten. Eventuell auch *gegen* etwas Position beziehen – natürlich mit friedlichen Mitteln und auf demokratischem Boden, für dessen Erhalt wir uns ganz besonders einsetzen müssen.

Die Demokratie ist – politisch gesehen – für uns lebenswichtig.

»Im Leben wird einem nichts geschenkt«, lautet eine alte Volksweisheit, die auch meine Mutter gelegentlich zitiert hat. Unser Staat, unsere Demokratie, unsere Gesellschaft sind ebenfalls Teil unseres Lebens und daher wird uns auch auf diesem Gebiet nichts geschenkt.

Ich denke in diesem Zusammenhang oft an Willy Brandt, der am 8. Oktober 1992 verstorben ist und noch wenige Wochen vor seinem Tod in einem Brief an seine in Berlin zu einem Kongress versammelten Freunde geschrieben hat: »Unsere Zeit steckt voller Möglichkeiten – zum Guten und zum Bösen. Nichts kommt von selbst. Und nur wenig ist von Dauer. Darum besinnt Euch auf Eure Kraft und darauf, dass jede Zeit eigene Antworten verlangt.«

Nichts kommt von selbst: Dieser Satz ist bei mir hängen geblieben. Er ist im Leben und auch in der Politik von besonderer Bedeutung. Und er überträgt uns auch eine besondere Verantwortung.

Wenn wir wollen, dass sich Österreich und Europa gut weiterentwickeln, wenn wir wollen, dass Entscheidungen, die zu treffen sind, gut und richtig ausfallen, dann müssen wir verantwortungsbewusst handeln und uns engagieren. Schlagworte helfen uns nicht weiter.

Demokratie – ein hohes Gut

Jahrtausendelang hat man die Geschichte als das Produkt der Tätigkeit guter oder schlechter »Herrscher«, weiser oder weniger weiser, weltlicher oder spiritueller Führer, heldenhafter Feldherren oder mitreißender Revolutionäre geschildert.

Der einzelne, einfache Mensch galt wenig oder nichts. Er gehörte zum »Material der Geschichte«. Die Menschen wurden wie die Ähren auf dem Feld gesehen, die vom Wind mal in die eine, mal in eine andere Richtung geblasen werden. Auf den Wind hatten sie aber keinen Einfluss.

Durch die Aufklärung, für die es seit dem Altertum schon Vorarbeiten und auch Vorreiter gab, wurden ein neues Menschenbild und ein neues Bewusstsein geschaffen.

Der einzelne Mensch, das Individuum, trat immer mehr in den Vordergrund. Schon in der Erklärung der Menschen- und Bürgerrechte, die am 26. August 1789 im Zuge der Französischen Revolution von der französischen Nationalversammlung beschlossen wurde, heißt es im Artikel 1: »Die Menschen werden frei und gleich an Rechten geboren und bleiben es. Gesellschaftliche Unterschiede dürfen nur im allgemeinen Nutzen begründet sein.«

Von dort gibt es eine direkte Linie zu der eineinhalb Jahrhunderte später beschlossenen Menschenrechtsdeklaration der Vereinten Nationen aus dem Jahr 1948, deren Artikel 1 besonders klar und einprägsam formuliert ist: »Alle Menschen sind frei und gleich an Würde und Rechten geboren. Sie sind mit Vernunft und Gewissen begabt und sollen einander im Geiste der Brüderlichkeit begegnen.«

Jedes einzelne dieser Worte hat Gewicht.

Jene wuchtigen Deklarationen, von denen auch die österreichische Bundesverfassung beeinflusst ist, bilden ein solides Fundament für eine humane und menschenwürdige Gesellschaft und schaffen auch eine klare Abgrenzung gegen Rassismus und gegen die Diskriminierung *fremder* Religionen oder Kulturen.

Vom Grundgedanken der gleichen Rechte und der gleichen Würde aller Menschen führt auch ein logischer Weg zur Demokratie. Vielleicht sollte man besser sagen: Diese Grundgedanken bilden das Grundgerüst für Demokratie und Menschenrechte.

*

Tatsächlich gab es, wie eingangs kurz erwähnt, Vorläuferideen und erste Ansätze zur Demokratie bereits vor der Aufklärung, wie zum Beispiel die »attische Demokratie« vor 2500 Jahren unter Perikles. Aber die ist, wie wir wissen, bald darauf an ihrem populistischen Charakter (einschließlich einer populistischen Justiz) zugrunde gegangen.

Die moderne Demokratie hat sich erst in den letzten 200 Jahren Schritt für Schritt und mit unterschiedlichem Tempo entwickelt. In Österreich ist das allgemeine und gleiche Wahlrecht für Männer und Frauen noch keine 100 Jahre alt (den 100. Geburtstag werden wir 2018 feiern können). Und die erste Volkswahl unseres Staatsoberhauptes fand 1951, also vor 65 Jahren, statt.

Mein Nachfolger im Amt des Bundespräsidenten wird erst der achte Bundespräsident in der Geschichte unserer Republik sein, der vom Volk direkt gewählt wird. Und die damit verbundene Weichenstellung wird nachhaltige Auswirkungen haben – gerade auf das Thema der Menschenrechte und der Achtung der Menschenwürde, aber auch auf viele andere Themenfelder. Diese Entscheidung wird daher mit großer Sorgfalt zu treffen sein.

Ich habe manchmal den Eindruck, dass die Demokratie in Österreich einerseits überschätzt und andererseits unterschätzt wird.

Überschätzt deshalb, weil viele glauben, dass die Demokratie in Österreich und in Europa unzerstörbar ist. Dass dies nicht der Fall ist, ist uns ja im eigenen Land in den Dreißigerjahren des vergangenen Jahrhunderts bewiesen worden, als es nach den Ereignissen, Auseinandersetzungen und Verfassungsbrüchen der Jahre 1933/34 kein Parlament, keine Demokratie und keine Freiheit mehr gab und wenige Jahre später – 1938 – auch kein Österreich.

Fast wie Dominosteine sind zum Teil schon vorher, zum Teil bald darauf auch in anderen europäischen Staaten, die demokratischen Strukturen umgefallen beziehungsweise rücksichtslos zerstört worden. Die Begleitmusik dazu war eine aggressive und gehässige Sprache, in der politische Gegner und fortschrittliche, humanistische Ideen wild beschimpft wurden, das Parlament als Quatschbude denunziert wurde, Antisemitismus und Ausländerfeindlichkeit salonfähig waren und nach dem »starken Mann« als »Führer« gerufen wurde.

Immer, wenn ich solche Töne oder Anklänge an derartige Töne höre, werde ich sehr nachdenklich und hellwach.

Ich bin überzeugt, dass die Demokratie heute – trotz allem – viel stabiler ist, als das in der Zeit zwischen den beiden Weltkriegen der Fall war. Aber sie ist nicht unzerstörbar.

So wie ein Baum, der Wasser, Licht und Sonne benötigt und auch durch Sturm und Borkenkäfer in Gefahr gebracht werden kann, verlangt auch die Demokratie nach entsprechenden »Lebensbedingungen« sowie nach Menschen, die sie wollen und schätzen – also nach Demokraten. Sie bedarf solider ökonomischer Grundlagen, sie braucht Toleranz und Fairness sowie Menschen, die bereit sind, sie zu verteidigen. Sie darf nicht durch eine hasserfüllte Sprache, durch die Erfindung von Sündenböcken, das Schüren von Emotionen oder durch einen sorglosen Umgang mit der Verfassung und dem Rechtsstaat in Gefahr gebracht werden.

Worte und Sprache können eine sehr gefährliche Waffe sein. Brutalität in der Ausdrucksweise bedeutet Missachtung der Demokratie.

Auf der anderen Seite wird die Demokratie auch unterschätzt, und zwar insofern, als es viele Menschen und auch viele Demokraten gibt, die sich trotz Demokratie absolut ohnmächtig fühlen, die das Gefühl haben, von der Demokratie »nichts zu merken«, »nicht gehört zu werden«, »nichts bewirken zu können«.

Diesem Eindruck möchte ich widersprechen.

Die meisten Staaten haben mehrere Millionen, manche sogar Dutzende und Hunderte Millionen Einwohner. Machen wir ein Gedankenexperiment: Hätte in einem Staat ein Einzelner *alle* Macht in seinen Händen (was praktisch unmöglich ist), so hätten alle anderen Staatsbürger dementsprechend überhaupt nichts zu reden. Konzentriert sich die Macht im Wesentlichen auf einige Hundert oder einige Tausend Machtträger, hat der Rest der Bürgerinnen und Bürger gleichfalls wenig zu reden.

Wenn man aber – und das ist der Grundgedanke der Demokratie – allen Bürgerinnen und Bürgern eines Staates auf das politische Geschehen durch allgemeines und gleiches Wahlrecht sowie andere Vorkehrungen Einfluss geben will, dann kann das nach den Regeln der Mathematik bei Wahlen in einem Land mit fünf Millionen Wahlberechtigten eben nur ein Fünfmillionstel des Einflusses sein, der auf den einzelnen Wahlberechtigten entfällt. Und doch sind es die Stimmen, die letzten Endes entscheiden!

Das ist beispielsweise auch bei der Bundespräsidentenwahl der Fall und gerade deshalb ist jede einzelne Stimme wichtig. Das hat man nicht nur bei der Wahl vom 22. Mai 2016 gesehen, die ein ungewöhnlich knappes Ergebnis brachte, sondern es liegt gewissermaßen im System begründet: Gewählt ist derjenige Kandidat, der eine Stimmenmehrheit erzielt. Und wie groß oder wie klein diese Stimmenmehrheit auch sein mag, sie setzt sich aus nichts anderem zusammen als der Summe der einzelnen abgegebenen Stimmen, wobei gerade bei Präsidentenwahlen jede einzelne Stimme den gleichen Zählwert und den gleichen Erfolgswert hat.

Daher ist es in meinen Augen sehr kurzsichtig und ein Gedankenfehler, auf die Ausübung des Stimmrechtes zu verzichten. Auch wenn aus den dargestellten Gründen meine (einzelne) Stimme nur einen winzigen

Bruchteil der Gesamtzahl aller abgegebenen Stimmen darstellt, ist mir ein Wahlresultat, in das auch meine Stimme eingeflossen ist (und die Stimme meiner Frau und meiner Kinder sowie vieler meiner Freundinnen und Freunde), jedenfalls lieber als ein Wahlresultat, das ohne meine / unsere Beteiligung zustande gekommen ist. Sich nachher zu beklagen, ist sinnlos und wäre fahrlässig: *Nichts kommt von selbst!*

Ich gebe zu, dass das Bild unvollständig ist, denn Macht wird auch in einer Demokratie nicht nur mit dem Stimmzettel ausgeübt. Es gibt auch andere (politische, wirtschaftliche, finanzielle, publizistische etc.) Machtquellen. Diese sind freilich auch in der Demokratie nicht im gleichen Ausmaß auf alle Bürgerinnen und Bürger verteilt, wie das beim Wahlrecht der Fall ist, und haben außerparlamentarische Machtakkumulationen zur Folge.

Aber abgesehen davon, dass auch solche außerparlamentarischen Machtquellen in einer Demokratie eindeutig wirksamer kontrolliert werden können als in autoritären Systemen, wäre es jedenfalls unklug und unsinnig, die Macht des Stimmzettels zu unterschätzen. Im Gegenteil: Der Stimmzettel muss umso mehr und erst recht genützt werden.

Paradoxerweise sind es oft gerade jene, die die »Ohnmacht« des einzelnen Stimmbürgers beklagen, die nicht zur Wahl gehen und stattdessen nach einem »starken Mann« rufen. Dessen Existenz würde den einzelnen Staatsbürger aber noch viel ohnmächtiger machen.

Denn eines muss hier noch unbedingt hinzugefügt werden: Die Demokratie besteht ja nicht nur aus Präsidentenwahlen und andere Wahlen – obwohl das sehr wichtige Weichenstellungen sind –, sondern aus einer Vielzahl von Einrichtungen, die den Parlamentarismus unterstützen und der Demokratie dienen: aus unabhängigen Gerichten, aus dem Prinzip der Gewaltenteilung, aus einem mit weitreichenden Rechten ausgestatteten Verfassungsgerichtshof, einem Rechnungshof, aus einflussreichen Medien, aus dem Parteienpluralismus, aus Gewerkschaften und Interessenvertretungen, aus einer immer einflussreichen Zivilgesellschaft und vielem mehr.

Es mag manchmal schwer sein, sich zwischen einzelnen Parteien oder einzelnen Kandidaten zu entscheiden. Aber wenn man sorgfältig nachdenkt, wenn man der Glaubwürdigkeitsfrage entsprechendes Gewicht beimisst, wenn man an die längerfristigen Auswirkungen eines Wahlresultates denkt und überlegt, welche Entscheidung uns bei unseren Anstrengungen und Interessen auf der internationalen Bühne hilft und nützt, wird man letztlich in der Lage sein, eine Entscheidung zu treffen und sich nicht hinter den Worten »Ich kann mich nicht entscheiden« verstecken.

Unsere Vorfahren haben das Wahlrecht nicht erkämpft, teilweise sogar unter Einsatz ihrer Freiheit und Inkaufnahme großer Opfer, damit wir Nachgeborenen darauf arrogant und träge verzichten.

»Aber es geht doch heute um nichts mehr«, sagen manche zum eben formulierten Appell. »Früher – ja da hat es noch große Persönlichkeiten in der Politik gegeben, Idealisten mit politischen Konzepten und Visionen. Doch heute …?«

Darf ich da etwas einwerfen?

So weit die Menschheitsgeschichte zurückreicht, so alt ist die Tendenz, die Vergangenheit zu glorifizieren, sowohl persönlich als auch gesellschaftlich und in ihrer Gesamtheit.

Schon der römische Schriftsteller Ovid hat die Vergangenheit verherrlicht und als »Goldenes Zeitalter« gerühmt, wo die Menschen edler und besser waren als zu seiner Zeit. In dem von ihm beschworenen Goldenen Zeitalter herrschten Friede und Gerechtigkeit, es waren keine Verbrechen zu beklagen und alle waren glücklich. Auch die biblische Erzählung vom Paradies setzt ein friedliches und sündenloses Goldenes Zeitalter an den Beginn der Menschwerdung.

Aber ich fürchte, dass ein solches Zeitalter in der Realität nie existiert hat. Auch der Glaube, dass das »Goldene Zeitalter« noch *vor* uns liegt, steht meines Erachtens auf schwachen Beinen und ist in keiner Weise beweisbar. Aus meiner Lebenserfahrung und aus meiner Kenntnis der Geschichte schließe ich, dass die Natur des Menschen auf absehbare Zeit so bleiben wird, wie sie sich über riesige Zeiträume hinweg (nämlich Zehntausende von Jahren) entwickelt hat, mit der Option zu positiven, doch auch zu negativen Entwicklungsphasen. Gutes und Schlechtes ist nicht nur zwischen den Menschen, sondern auch innerhalb ein- und desselben Menschen in vielfältiger, unentwirrbarer, variabler und undurchschaubarer Weise verteilt und vermischt.

Alle Visionen oder Ideologien, die versprechen, einen »neuen Menschen«, einen »rassereinen Übermenschen« oder nur am Gemeinwohl interessierte »Edelproletarier« zu schaffen, sind kläglich und belastet mit unverzeihlich hohen Opferzahlen gescheitert.

Die Zukunft wird *das* sein, was *wir* daraus machen.

Aus der Geschichte lernen

Das Phänomen der positiven Nachkriegsjahre in Österreich und in anderen Teilen des demokratischen Europa beruhte nicht darauf, dass es damals bessere Politiker gegeben hat als heute. Der Unterschied lag vor allem darin, dass es *vor* 1945 den Absturz in ein unvorstellbar tiefes Jammertal von Krieg, Leid, Diktatur und Unmenschlichkeit gegeben hat.

Nach dem Ende des Krieges und der NS-Barbarei ist es – und Österreich war eines der besten Beispiele dafür – jahre- und jahrzehntelang aufwärts gegangen.

Ich habe es oft meinen Kindern und Freunden erzählt, mit welchem Gefühl der Freude, der Dankbarkeit und der Erleichterung mein Vater in den ersten Nachkriegsmonaten und -jahren immer wieder zu meiner Schwester und zu mir gesagt hat: »Kinder, ihr wisst ja gar nicht – und könnt es auch nicht wissen –, wie wunderschön und befreiend es ist, wenn man sich nicht vor den Bomben fürchten muss, wenn man vor keiner Gestapo – der brutalen geheimen Staatspolizei des NS-Regimes – Angst haben muss, wenn ich täglich zwischen verschiedenen Zeitungen wählen darf oder im Kaffeehaus mit einem Freund offen und ohne Angst über alles reden kann.«

Gleichzeitig waren die Mühen und Strapazen dieser Zeit enorm: Ein Großteil der österreichischen Bevölkerung ist abends hungrig zu Bett gegangen. Vieles war zerbombt, Tausende Wohnungen waren zerstört oder konnten zumindest im Winter nicht beheizt werden und die Fenster konnten nicht verglast werden. Ein allgemeines Sozialversicherungssystem konnte erst zehn Jahre nach Kriegsende in Angriff genommen werden.

Und dennoch: Die Freude über das Ende der Nazi-Herrschaft und ein selbstständiges Österreich war größer als die Strapazen der Nachkriegszeit. Es gab das berühmte Licht am Ende des Tunnels. Alle spürten, dass es bergauf ging, und zwar mit der Demokratie, mit der Wirtschaft, mit dem Lebensstandard, mit dem Wiederaufbau und auf vielen anderen Gebieten.

Es hat natürlich in unserer Bevölkerung auch Menschen gegeben, die von der Zeit des Nationalsozialismus auf die eine oder andere Weise profitiert haben, die immer noch an der Idee von höher- und minderwertigen Rassen festhielten oder die den Irrweg des Chauvinismus und des egoistischen Nationalismus nicht verlassen wollten, den Autobahnbau oder die Beschäftigungspolitik Hitlers lobten. Und es gab und gibt immer noch Reste von Antisemitismus und Fremdenfeindlichkeit in der Gesellschaft.

Aber beim Großteil unserer Bevölkerung waren die katastrophalen Auswirkungen des Gedankengutes der Zeit von 1938 bis 1945 noch in frischer und schlechter Erinnerung. Diese Menschen wollten von Fremdenfeindlichkeit in ihrer überwältigenden Mehrheit nichts wissen und haben mehr als 200.000 Ungarinnen und Ungarn, die 1956 vor den sowjetischen Panzern über die Grenze nach Österreich flüchteten (bei Nickelsdorf und anderswo) mit offenen Armen aufgenommen. Und es gibt auch weitere Beispiele für Akte guter Solidarität.

Die Mehrzahl der Österreicherinnen und Österreicher hatte schon ein österreichisches, rot-weiß-rotes Nationalbewusstsein entwickelt, als andere die österreichische Nation noch als »Missgeburt« bezeichneten (FPÖ-Obmann Jörg Haider). Und die Idole der Nachkriegszeit wie Bundeskanzler Leopold Figl, Bundeskanzler Julius Raab, Vizekanzler Adolf Schärf, Gewerkschaftspräsident Johann Böhm, der Wiener Bürgermeister (und spätere Bundespräsident) Theodor Körner etc. waren alles andere als »starke Männer«. Man hatte von der politischen Philosophie des starken Mannes restlos genug. Man wollte Freiheit, Demokratie, soziale Sicherheit und eine vernünftige Zusammenarbeit in Regierung und Parlament.

*

Ich behaupte, die Österreicherinnen und Österreicher (wie auch viele andere Europäer) haben aus der Geschichte gelernt. Mit dieser Feststellung wird ein wichtiges Thema berührt, nämlich die Frage, ob die Menschen – also »wir« – tatsächlich aus der Geschichte lernen. Dazu gibt es sehr unterschiedliche Meinungen. Tatsächlich kann man Beispiele anführen, wo aus der Geschichte gelernt wurde (wie ich das für die Entwicklung der Zweiten Republik im Vergleich zur Ersten Republik behaupte) oder wo aus der Geschichte offensichtlich nichts oder nur wenig gelernt wurde, etwa bei der Aufeinanderfolge sinnloser, blutiger Kriege zwischen Deutschland, Frankreich und Österreich im 19. und 20. Jahrhundert.

Ich bin aber überzeugt, dass die Entwicklung der Ersten Republik (zwischen 1918 und 1938) und der Zweiten Republik (seit 1945) ein besonders gutes Beispiel ist, um zu zeigen, wo und wie aus der Geschichte gelernt werden kann.

Die Erste Republik war sich ihrer selbst nicht sicher. Sie zweifelte stark an ihrer Lebensfähigkeit. Sie schwankte zwischen Österreich-Patriotismus und der Hoffnung auf den Anschluss an Deutschland. Sie konnte ihre Probleme nicht lösen.

Der Kampf der Parteien und Ideologien wurde bis zum Bürgerkrieg zugespitzt.

Der politische Katholizismus wehrte sich heftig gegen die Trennung von Kirche und Staat und die katholische Kirche war Bündnispartner im Parteienstreit –

ja sie stellte sogar einen Bundeskanzler und Parteiführer.

Es fehlten die Kraft und der Wille zum Einsatz für ein übergeordnetes Staatsinteresse. Logischerweise gab es zum Beispiel auch keinen überparteilichen Gewerkschaftsbund. Es fehlte auch das notwendige Mindestmaß an Toleranz und politischer Kultur, das für das Funktionieren einer lebendigen Demokratie unverzichtbar ist. Die Liste ließe sich lange fortsetzen.

Die Zweite Republik hat in fast allen diesen Punkten gelernt und neue Ansätze gesucht. Die Stichworte soziale Gerechtigkeit, Wirtschaftswachstum, Zusammenarbeit, Weltoffenheit, Toleranz, Fairness, Menschenwürde, europäische Integration etc. spielen dabei eine entscheidende Rolle. Dass es sich lohnt, sich für diese Werte und Errungenschaften, für diese Lehren aus der Geschichte, mit Nachdruck einzusetzen, ist meine feste Überzeugung.

Auch die Bundespräsidentenwahl und andere Wahlgänge sollten Weichenstellungen für diese Werte und Errungenschaften sein. Das Lernen aus der Geschichte darf kein Ablaufdatum haben. Wir müssen auch die Überreste des Gedankengutes aus der Zeit zwischen 1938 und 1945 hinter uns lassen, Stimmungsmache wie Aggressivität, Führerkult, Verächtlichmachung und erst recht deren Wiedererwachen verhindern.

Demokratie oder Populismus?

Demokratie darf auch nicht mit Populismus verwechselt werden, so groß die Versuchung dazu auch sein mag.

Demos ist das griechische Wort für Volk, so wie *Populus* im Lateinischen. *Kratein* ist das griechische Wort für herrschen und daher bedeutet Demokratie Volksherrschaft. Auch »Populismus« (verwandt mit dem Ausdruck populär) ist ein Begriff, der das Volk in den Mittelpunkt zu stellen behauptet.

Und dennoch: Demokratie ist nicht Populismus, und Populismus ist nicht Demokratie. Der Populist stellt meistens nicht das Volk, sondern seine eigene Popularität oder bestimmte Schlagworte oder Emotionen in den Mittelpunkt seines Agierens. Demokratie erschöpft sich jedoch nicht in Kampagnen und anschließenden Abstimmungen. Demokratie ist eine humane, gut begründete, aber zugegebenermaßen komplizierte Regierungsform. Die Demokratie wird nie vollkommen und perfekt sein. Gerade deshalb bedarf sie immer besonderer Anstrengungen und man darf es sich nicht einfach machen und die Demokratie auf Schlagworte reduzieren.

Eine populismusdurchtränkte Schlagwortdemokratie wäre eben nicht die beste Demokratie.

Nicht alles, was populär ist, ist richtig und nützt dem Gemeinwesen, und nicht alles, was richtig ist, ist populär. Nicht umsonst gibt es den Satz, wonach der (schlechte) Politiker an die nächste Abstimmung und an die nächste Wahl denkt, während der Staatsmann an die nächste Generation denkt.

Die Demokratie, in der das Parlament vom Volk gewählt und legitimiert wird, weil ihr Recht vom Volk ausgeht, ist auch deshalb kompliziert, weil demokratische Mehrheitsentscheidungen in ein Verfahren eingebettet sein müssen, das auf Minderheiten, auf Menschenrechte, auf allseitiges Gehör und viele andere Aspekte Rücksicht nimmt. In einem demokratischen, parlamentarischen Gemeinwesen gibt es Gelegenheit zu Verhandlungen und Kompromissen, existieren unantastbare Grundrechte, bestehen Rechtskontrolle, Rechtsstaatlichkeit, Verfassungsgerichtsbarkeit und Minderheitsrechte, die nicht in einer Ja-Nein-Entscheidung außerhalb des Parlaments zur Disposition gestellt werden dürfen.

Daher darf in meinen Augen und nach meinen Erfahrungen der Populismus den Parlamentarismus nicht beiseiteschieben. Die Volksabstimmung ist ein wichtiges Instrument im System der parlamentarischen Demokratie und auch in der österreichischen Verfassung vorgesehen. Wenn sich aber die Volksabstimmung vom Parlamentarismus verselbstständigen kann, wenn eine Medienkampagne in einer Volksabstimmung münden und über gewählte Mandatare hinweg eigenständig Recht setzen kann (über dessen Abänderbarkeit Unklarheit besteht), dann sind eine Reihe von wichtigen Sicherungen der parlamentarischen Demokratie ausgeschaltet.

Um nicht missverstanden zu werden: Es war richtig, dass unser Parlament eine Volksabstimmung über die

Nutzung der Kernenergie in Zwentendorf herbeigeführt hat (ich selbst habe damals im Sommer 1978 im Nationalrat den Antrag auf diese Volksabstimmung eingebracht). Es war auch richtig, dass es eine Volksabstimmung über den Beitritt Österreichs zur EU gegeben hat. Es hat de facto auch eine Volksabstimmung (wenngleich in Form einer Volksbefragung) zum Thema Wehrpflicht oder Berufsheer gegeben. Es sind auch weitere Themen für Volksabstimmungen denkbar. Doch man darf die Balance zwischen dem vom Volk gewählten Parlament und der plebiszitären Komponente in der Verfassung nicht aus dem Gleichgewicht bringen.

Denn in der Geschichte des 20. Jahrhunderts waren die Zurückdrängung des Parlamentarismus und die Stärkung der plebiszitären Komponente, insbesondere das Zusammenspiel von Führerstaat und plebiszitärer Legitimation – ich meine damit die direkte »Zwiesprache« zwischen Führer und Masse, die zu begeisterter Akklamation führt – der Beginn einer gefährlichen und tragischen Entwicklung.

Zusammenhalten, weil es uns dann besser geht

1870 hat es einen blutigen Deutsch-Französischen Krieg gegeben. Der Erste Weltkrieg mit seinen Millionen Opfern war ebenfalls vor allem ein Deutsch-Französischer Krieg. Und der Zweite Weltkrieg mit seinen Dutzenden Millionen Opfern war der dritte Deutsch-Französische

Krieg innerhalb von 70 Jahren. Ähnlich sieht die Bilanz Österreichs bei dem Krieg gegen Preußen von 1866 und den beiden Weltkriegen aus.

Erst nach dem Zweiten Weltkrieg ist die Bereitschaft, aus der Geschichte zu lernen, bei führenden Persönlichkeiten und bei sehr, sehr vielen Menschen größer geworden als das Verlangen nach Revanche. Es setzte sich die Erkenntnis durch, dass der Krieg keine Probleme löst, sondern dass man die Wurzeln und Ursachen für Kriege beseitigen muss.

Deutschland, Frankreich, Italien und die drei Benelux-Staaten waren bereit, sich wirtschaftlich, aber auch politisch enger zusammenzuschließen und damit einen neuen Weg zu dauerhaftem Frieden einzuschlagen.

Die EWG (später EU) war und ist ein Friedensprojekt und als solches – trotz aller Probleme – unentbehrlich. Winston Churchill, Robert Schuman, Jean Monet, Konrad Adenauer, Alcide De Gasperi, Paul-Henri Spaak, später auch Willy Brandt, François Mitterrand, Harold Wilson und viele andere standen auf der einen, nämlich der europäischen Seite, und unverbesserliche Nationalisten auf der anderen.

Hugo Portisch hat das in seinem Büchlein *Was jetzt* so anschaulich und plastisch beschrieben. Ich darf ihn kurz zitieren:

»Die EWG war eben nicht nur eine Wirtschaftsgemeinschaft. Das war schon die Montanunion nicht. Beiden, der Kohle-Stahl-Gemeinschaft und der EWG, lag vor allem ein politischer Gedanke zugrunde, weit wichtiger als die Wirtschaft: Diese Gemeinschaften wurden gegründet hauptsächlich zum Zweck, die Staaten Europas zu einem Miteinander zu verschränken, sodass sie nie wieder Krieg führen könnten.«

Jene »Entfaltung« des europäischen Projektes war für Millionen Menschen – auch für uns Österreicher und für mich persönlich – hautnah mitzuerleben. Es war und ist ein Phänomen in unserer Geschichte.

Als ich in den Fünfzigerjahren als Schüler zum ersten Mal auf Urlaub ins Ausland fuhr (einschließlich Maturareise nach Frankreich), war eigentlich jede Auslandsreise noch ein großes Abenteuer mit vielen Vorbereitungen, Währungsumtausch, langen Warteschlangen an den Grenzen, genauen Passkontrollen und dem Gefühl, in eine andere Welt mit vielen fremden Produkten zu kommen. Das galt für mich auch noch als Student, wenn ich in den Semesterferien nach Großbritannien reiste, um zu arbeiten und meine Englischkenntnisse zu verbessern. Aber die europäische Integration änderte und verbesserte vieles.

Am 25. März 1957 wurde in Rom die Europäische Union mit sechs Mitgliedsstaaten (Deutschland, Frankreich, Italien, Belgien, Niederlande und Luxemburg) gegründet. Im Jänner 1960 folgte in Stockholm die Gründung der europäischen Freihandelsassoziation (EFTA) mit den Mitgliedsstaaten Norwegen, Schweden, Island, Portugal, Schweiz und Österreich sowie Finnland als assoziiertem Mitglied.

Dann erfolgte die Erweiterung der EWG von sechs auf neun und von neun auf zwölf Mitgliedsstaaten. Damit verbunden waren auch inhaltliche Fortschritte auf dem Weg »nach Europa«. Aber die Existenz des Eisernen Vorhanges hatte jahrzehntelang eine unüberwindbar erscheinende Teilung Europas in einen westlichen und einem östlichen Teil zur Folge.

Nach dem Fall des Eisernen Vorhanges im Jahr 1989 – ich kann mich noch an die einzelnen Ereignisse und insbesondere an den Fall der Berliner Mauer sehr genau erinnern – drängten die bis dahin kommunistischen Staaten des sogenannten Ostblocks, die unter sowjetischer Oberhoheit gelebt hatten und sich jetzt zu »neuen Demokratien« entwickelten, vehement darauf, Mitglied der EU zu werden. Sie betrachteten es als einen Akt »historischer Gerechtigkeit«, die Nachteile und Belastungen, die sie in der Zeit kommunistischer Diktatur im Vergleich zu den westeuropäischen Demokratien erlitten hatten, durch einen raschen Beitritt zur EU einigermaßen aufholen zu können. Gleichzeitig hatte der Zusammenbruch des Kommunismus in Europa auch zur Folge, dass neutrale oder blockfreie Staaten wie Österreich, Schweden und Finnland ohne große Probleme der EU beitreten konnten und wollten. Die in Österreich am 12. Juni 1994 abgehaltene Volksabstimmung über einen Beitritt zur EU brachte eine Zweidrittelmehrheit der gültig abgegebenen Stimmen für den Beitritt und in weiterer Folge wurden Finnland, Österreich und Schweden Mitgliedsstaaten Nummer 13, 14 und 15 der Union.

Der Beitritt der bis 1989 kommunistisch regierten Staaten dauerte länger, aber mit dem Jahr 2004 erfolgte der große Erweiterungssprung von 15 auf 25 Mitgliedsstaaten, Bulgarien und Rumänien folgten als Nummer 26 und 27 im Jahr 2007, und seit dem Beitritt Kroatiens am 1. Juli 2014 hat die EU 28 Mitgliedsstaaten.

Natürlich ist es wesentlich schwieriger, Harmonie zwischen 28 Staaten herzustellen und gemeinsame Beschlüsse zu fassen, als dies bei sechs oder neun Staaten der Fall ist. Und außerdem ist der Rückenwind einer lang andauernden Konjunkturphase seit etlichen Jahren ausgeblieben. Aber die menschliche Vernunft, die politische Klugheit, müssten doch ausreichen, um einzusehen, dass gerade in schwierigen Zeiten eine Aufsplitterung Europas doppelt gefährlich und unklug wäre.

Und die Grundvoraussetzung, wonach europäische Staaten, die in der europäischen Union zusammenarbeiten, viel leichter den Frieden bewahren und sich auch besser gegen starke internationale Konkurrenz behaupten können, ist zweifellos nach wie vor richtig.

Dennoch steht derzeit der »Brexit« auf der Tagesordnung. Zum ersten Mal in der Geschichte der EU hat ein Mitgliedsstaat, nämlich Großbritannien, in einem Referendum mit knapper Mehrheit den Austritt aus der Union beschlossen. Das ist möglich, aber nach Ansicht der meisten Experten nicht klug. Die neue britische Premierministerin Theresa May hat noch nicht einmal den Austrittsbrief nach Brüssel geschickt und schon zeigen sich die Nachteile und Unannehmlichkeiten, die Unsicherheiten und offenen Fragen, die mit einem solchen Schritt verbunden sind, und zwar nicht nur für die Europäische Union, sondern auch und vor allem für das Land, welches sie verlässt.

Die Idee der europäischen Integration und der europäischen Zusammenarbeit bleibt richtig und zukunftsweisend, genauso wie es vor 250 Jahren richtig war, dass sich auf dem nordamerikanischen Kontinent – unter ganz anderen Voraussetzungen – eine Reihe von Staaten zu den Vereinigten Staaten von Amerika zusammengeschlossen haben.

Selbstverständlich gibt es hier auch Unterschiede zu beachten: Ein Zusammenschluss großer oder auch kleiner dicht besiedelter Nationalstaaten mit jahrhundertealter Geschichte auf europäischem Boden in der zweiten Hälfte des 20. beziehungsweise im 21. Jahrhundert ist etwas anderes und wesentlich schwieriger als etwa die Gründung der Vereinigten Staaten von Amerika im 18. Jahrhundert (4. Juli 1776) auf einem über weite Strecken fast unbewohnten und geschichtslosen Territorium und einer Bevölkerung, die sich zum Großteil aus Einwanderern zusammensetzte. Zwar gab es auf dem nordamerikanischen Kontinent auch eine dünne Schicht von indigenen Einwohnern, mit denen man sehr brutal und rücksichtslos umgegangen ist. Aber das ist ein Thema, das in Europa und bei der europäischen Integration keine Rolle spielt. Dennoch sind die Unterschiede zwischen dem lange zurückliegenden Integrationsprozess auf dem nordamerikanischen Kontinent und dem aktuellen Integrationsprozess in Europa derart groß, dass man nicht erwarten kann, dass sich die Europäische

Union in vergleichbarer Weise zu den »Vereinigten Staaten von Europa« entwickeln kann und wird.

Über die Zukunft des europäischen Kontinents und über das optimale Ausmaß an Integration muss noch viel Gedankenarbeit geleistet werden, zu der wir alle aufgerufen sind. Europa ist eben ein offenes Projekt, doch für die nächsten Generationen von größter Bedeutung.

Daher ist es wichtig, einen Bundespräsidenten und eine Bundesregierung zu haben, die dem europäischen Projekt mit entsprechendem Verständnis und mit positiver Energie gegenüberstehen.

Dieser Bundespräsident muss unter den europäischen Staatsoberhäuptern nicht nur als Vertreter seines Landes präsent sein, sondern auch ein europäischer Teamspieler sein, der glaubwürdig und erfolgreich am Gesamterfolg des europäischen Projektes mitwirken will und mitwirken kann.

Er sollte auch mithelfen, bei den Österreicherinnen und Österreichern und insbesondere bei der Jugend Verständnis für die historische Bedeutung des Projektes Europa zu wecken. Er sollte gut und objektiv informieren und er sollte ein glaubwürdiger Europäer sein.

Zu sagen, dass man nicht mehr ganz so eindeutig wie vor einem Jahr einen Austritt aus der EU in Erwägung zieht, ist zu wenig.

Auch die Bundesregierung muss eine klare, einheitliche und eindeutige Europapolitik verfolgen. Österreich hat seine Rechte und Pflichten, und Europa hat seine

Rechte und Pflichten. An der Verbindung und Harmonisierung dieser beiden Grundtatsachen muss hart gearbeitet werden.

Übrigens: Nicht nur, wenn man etwas beschließt, trägt man Verantwortung, sondern auch, wenn man etwas ablehnt oder Beschlüsse verschleppt.

Heimat gehört uns allen

In einer Rede vor der Österreichischen Gesellschaft für Außenpolitik habe ich vor ein paar Monaten einige Grundsätze und Leitlinien zur österreichischen Außenpolitik aus meiner Sicht zu skizzieren versucht.

An die Spitze meiner Überlegungen stellte ich das Bekenntnis zur Politik des friedlichen Zusammenlebens. Oder umgekehrt formuliert: eine ganz entschiedene Absage an eine Politik der Verletzung der Menschenwürde durch Krieg und Gewalt. Schon in meiner Antrittsrede als Bundespräsident vor der Bundesversammlung am 8. Juli 2004 habe ich das thematisiert: »Glauben Sie mir, dass ich für das Thema Krieg und Frieden sehr sensibel bin, dass Friede und Friedenspolitik für mich – so wie für viele andere Menschen meiner Generation, aber auch für viele junge Menschen – ganz zentrale Aufgaben unserer politischen Bemühungen sein müssen.« Dieses Prinzip hat mich durch beide Amtsperioden als Bundespräsident unverrückbar begleitet.

An zweiter Stelle nannte ich ein Bekenntnis zum Völkerrecht, zu den Menschenrechten und zur Weiterentwicklung vom nationalen Rechtsstaat zum internationalen Rechtsstaat.

Wir dürfen nicht vergessen, dass der Rechtsstaat ein relativ junges und keineswegs global durchgesetztes Konzept für die Organisation der menschlichen Gesellschaft ist. Gerade auf internationaler Ebene steckt der Rechtsstaat eindeutig noch in den Kinderschuhen. Ich betrachte es als eine der wichtigen Aufgaben und Chancen unseres Landes, auf allen Ebenen und mit aller Kraft darauf hinzuarbeiten, dass sich rechtsstaatliche Prinzipien auch in den internationalen Beziehungen ausdehnen und durchsetzen. Dazu zählt selbstverständlich auch das Eintreten für Menschenrechte und Kritik an Menschenrechtsverletzungen. Diese Kritik muss jedoch glaubwürdig sein und sich daher eingestehen, dass auch das eigene Land auf diesem Gebiet nicht unfehlbar ist und Bedarf besteht, die Lücken zwischen Theorie und Praxis zu schließen, die gerade in letzter Zeit in einzelnen europäischen Staaten sogar größer wurden.

Besonders wichtig ist mir die Erkenntnis, dass Nationalismus und Chauvinismus – die ich von Heimatverbundenheit und Patriotismus sorgfältig unterscheide – große Hindernisse für das friedliche Zusammenleben von Menschen und Völkern sind. Die entscheidende Trennlinie zwischen Nationalismus und Patriotismus besteht meines Erachtens darin, dass der Nationalismus von der Überlegenheit der eigenen Nation ausgeht, nationalen Egoismus schürt und andere Nationen, Religionen oder Kulturen demzufolge als zweitklassig, zweitrangig oder gar minderwertig herabsetzt.

Patriotismus geht hingegen von der Gleichwertigkeit aller Menschen und aller Völker aus, bringt aber die Verbundenheit mit dem eigenen Land in besonderer Weise zum Ausdruck, ohne andere Länder und Kulturen abzuwerten. Dabei ist mir ein stiller und dezenter Patriotismus (wie Bruno Kreisky das formuliert hat) lieber als ein lauter und aufdringlicher.

Ich betrachte ein Bekenntnis zur österreichischen Heimat und eine *europäische* Gesinnung nicht als Gegensätze. Diese europäische Gesinnung, die von großartigen Persönlichkeiten entwickelt wurde, welche nach 1945 aus Faschismus und Krieg richtige und zukunftsorientierte Lehren gezogen haben, findet im Prozess der europäischen Integration und in der Europäischen Union – wie schon erwähnt – ihren organisatorischen und völkerrechtlichen Ausdruck.

Ich übersehe auch nicht, dass die Europäische Union sich derzeit in einer sehr schwierigen Phase ihrer Entwicklung befindet und Defizite aufweist. Manche Probleme sind nicht rechtzeitig erkannt worden, in manchen Fällen sind falsche Antworten gegeben worden und die europäische Solidarität erweist sich als nicht sehr belastbar. Dazu kommt, dass die Willensbildung in einer Union mit sechs oder neun Mitgliedsstaaten natürlich ganz entschieden einfacher ist als jene mit 25 oder 28 Staaten.

Aber Europa ist nun einmal ein Kontinent mit einer großen Staatenvielzahl und es ist das zentrale Anliegen des europäischen Projektes, die Kraft, die Vielfalt, die Stärken, die Begabungen, die Chancen der Menschen in Europa zusammenzufassen und zu bündeln. Außerdem sind die letzten Jahre der europäischen Zusammenarbeit nicht nur durch die Wirtschafts- und Finanzkrise sowie die damit verbundene hohe Arbeitslosigkeit belastet worden, sondern auch durch die Terrorgefahr und die Spannungen mit Russland, an deren Überwindung Österreich sehr engagiert mitarbeitet. Bruno Kreisky hat einmal vor vielen Jahren gemeint, eine der Aufgaben unserer Politik sei es, ein Maximum an Vertrauen im Westen zu gewinnen und nur ein Minimum an Misstrauen im Osten auszulösen. An diesen Satz denke ich oft, wenn die Wichtigkeit einer vernünftigen Zusammenarbeit zwischen der EU und Europa unterschätzt und die Sinnhaftigkeit von Sanktionen gegen Russland überschätzt wird.

Jedenfalls bleibe ich dabei, dass es im 21. Jahrhundert ein unverzeihlicher Fehler wäre, das Ziel einer Bündelung der Kräfte der einzelnen europäischen Staaten gegenüber Weltmächten und Weltmärkten sowie das Ziel der institutionalisierten politischen, wirtschaftlichen, sozialen und kulturellen Zusammenarbeit in Europa aus den Augen zu verlieren oder gar zuzulassen, dass das Rad der Geschichte wieder zurückgedreht wird.

Tun, was getan werden muss

Dass wir nicht weniger, sondern eine bessere und funktionsfähigere europäische Zusammenarbeit benötigen, sieht man nicht nur in der Finanz- und Wirtschaftspolitik, sondern besonders schmerzlich auch am Fehlen einer durchdachten und kohärenten europäischen *Flüchtlingspolitik*.

Die rechtlichen Grundlagen für eine gemeinsame Asyl- und Migrationspolitik sind offen gesagt Stückwerk, teilweise in sich widersprüchlich und teilweise praxisfern. Dazu kommt, dass das Flüchtlingsproblem in seiner heutigen Dimension nicht nur oder nicht einmal primär mithilfe von Flüchtlingskonventionen und Asylgesetzen zu lösen ist, sondern vor allem bereits in den Ursprungsländern der Flüchtlingsströme und an den Außengrenzen Europas in Angriff genommen werden muss.

Das Dublin-Übereinkommen ist meines Erachtens besonders problematisch, weil es die Lasten (als Folge der europäischen Geografie) sehr ungleich verteilt. Dieses Abkommen regelt die Zuständigkeit für die Prüfung eines in einem Mitgliedsstaat der EU gestellten Asylantrages und besagt, dass jener Staat, in den der Asylwerber nachweislich zuerst eingereist ist, das Asylverfahren auch dann durchführen muss, wenn sich der Asylwerber in der Zwischenzeit in einem anderen Land befindet. In die Praxis übertragen heißt das, dass alle Asylwerber, die vom Süden oder Südosten kommen und in Griechenland oder in Italien zum ersten Mal europäischen

Boden betreten, von anderen Staaten nach Griechenland oder Italien zurückgeschickt werden können.

Aus diesem und vielen anderen Gründen ergibt sich die Notwendigkeit, an neuen und zeitgemäßen europäischen Regelungen zum Thema Asyl und Migration zu arbeiten, aber vor allem auch das Problem nicht erst an den innereuropäischen Grenzen, sondern an seinen Quellen und bei seinen Ursachen zu lösen.

Dabei müssen wir allerdings stets beachten, dass Menschen auf der Flucht und Asylsuchende, auch wenn ihre Motive sehr unterschiedlich und die Regelungen unzureichend sind, Menschen in Not sind, denen die *europäische* Gesellschaft auf der Basis *europäischer* Werte begegnen muss.

Mit Recht hat auch Kardinal Christoph Schönborn bei vielen Gelegenheiten Menschlichkeit gegenüber Flüchtlingen eingemahnt: »Wenn ein Nachbar in Not ist – sei es ein Österreicher oder ein Flüchtling –, ist es christlich, hinzuschauen und zuzupacken«, sagte er bei der vorletzten Bischofskonferenz am 7. März 2016 in Linz. Der Kardinal mahnte zur Vorsicht bei Asylverschärfungen, er warnte vor einem »Generalverdacht gegen Flüchtlinge« und sagte bei der letzten Bischofskonferenz in Mariazell am 13. Juni 2016, dass wir nicht nur *»unsere Probleme* mit den Flüchtlingen« lösen, sondern vor allem auch dazu beitragen müssten, *»die Probleme der Flüchtlinge* zu lösen«.

Jene Menschen, die sich im Vorjahr an Aktionen beteiligt haben und heute noch beteiligen, um in Österreich ankommenden Flüchtlingen zu helfen, und die Kraft und Zeit für Flüchtlinge aufgebracht haben, sollen sich dafür meines Erachtens weder rechtfertigen noch verteidigen und schon gar nicht schämen müssen. Ganz im Gegenteil: Schämen muss man sich für mangelnde Hilfsbereitschaft oder gar Feindseligkeit gegenüber Menschen in Not aus anderen Ländern oder Kulturen und ganz besonders für den Versuch, aus der Not von Menschen politisches Kapital zu schlagen!

Dringender denn je brauchen wir eine gut organisierte, grundrechtskonforme und menschliche Flüchtlingspolitik, die auch die Hilfe von Freiwilligen gerne annimmt.

Daher möchte ich auch *allen*, die in den letzten Monaten und Jahren Menschen auf der Flucht in vielfältiger Weise geholfen haben, herzlich danken. Und ich möchte aus innerer Überzeugung besonders auch dem Flüchtlingskoordinator Christian Konrad danken, dessen Arbeit ich sehr genau beobachtet habe. Er ist wahrlich kein weltfremder Idealist (wobei ich nichts gegen Idealisten habe), sondern ein mitten im Leben stehender, erfahrener und erfolgreicher Manager, der gezeigt hat, was getan werden muss und wie viel man mit gesundem Menschenverstand tun kann.

Natürlich stimmt der Satz, dass Österreich nicht *allen* helfen kann. Aber daraus lässt sich nicht ableiten, dass wir auch *das* nicht leisten, was wir leisten können, oder dass uns das Schicksal von Flüchtlingen nichts angeht.

Und wenn man der Rede, die Papst Franziskus am 6. Mai 2016 bei der Verleihung des Aachener Karlspreises in Rom gehalten hat, enthusiastisch zustimmt, so ist dieser Applaus nur dann ehrlich, wenn man auch sein persönliches Verhalten an den vom Papst formulierten Grundsätzen orientiert.

Gleichzeitig möchte ich aber unterstreichen, dass andere europäische Staaten objektiv betrachtet kein Recht haben, gerade Österreich in Bezug auf unsere Flüchtlingspolitik Vorhaltungen zu machen.

In den letzten 15 Jahren – also von 2001 bis 2015 – sind in Österreich ca. 380.000 Asylanträge gestellt worden, das entspricht einem Durchschnitt von rund 25.000 Asylanträgen pro Jahr. Zuletzt waren es im Jahr 2014 28.064 Asylanträge und im Jahr 2015 waren es bekanntlich 89.000 Asylanträge.

Es wäre der österreichischen Bevölkerung nur schwer zu erklären, dass die Zahl der Asylanträge in Österreich im Jahr 2015 knapp über einem Prozent der österreichischen Bevölkerung gelegen ist, während es unter den anderen 27 EU-Staaten nicht weniger als 23 Staaten gibt, wo die Gesamtzahl der Asylanträge nicht einmal ein halbes Prozent der Bevölkerung ausgemacht hat. Darunter befinden sich nicht weniger als 13 Staaten – also fast die Hälfte der EU-Mitglieder –, bei denen die Gesamtzahl der Asylanträge im Jahr 2015 kleiner als ein Promille der jeweiligen Bevölkerungszahl war.

Wenn sich die österreichische Bundesregierung unter diesen Umständen für das Jahr 2016 einen Richtwert von 37.500 Asylanträgen als Ziel gesetzt hat und wenn mit diesem Richtwert bei tatsächlichem Vorliegen der im Gesetz genannten Voraussetzungen verantwortungsbewusst umgegangen wird, dann ist das eine Asylpolitik, die jedenfalls einen überdurchschnittlichen Beitrag zur gesamteuropäischen Asylpolitik leistet, ohne dass jemand behaupten kann, dass unser Land dadurch überfordert wird.

In diese Richtung sollte weitergearbeitet und auf gesamteuropäische Lösungen gedrängt werden.

Wird der nächste Bundespräsident dabei mithelfen oder eher Allianzen mit jenen suchen, die sich der Solidarität verweigern?

Es gibt einerseits ein eindrucksvolles, wunderbares und herzerwärmendes Ausmaß an Brüderlichkeit, an Hilfsbereitschaft und Nächstenliebe in unserer Gesellschaft. Andererseits gibt es auch – man muss es hinzufügen – das Gegenteil davon, und zwar: ein massives Unverständnis, feindseliges Verhalten und massenhafte Beweise dafür, dass der Gedanke, wonach es sich bei jedem Flüchtling jedenfalls und primär (auch) um einen Menschen mit Gefühlen, Ängsten und Hoffnungen handelt, rücksichtslos zur Seite geschoben wird.

Jedenfalls wünsche ich mir, dass eine verantwortungsvolle Asylpolitik in der Lage ist, die Emotionalisierung und Aufspaltung der Bevölkerung in solche, die »für Flüchtlinge sind«, und solche, die »gegen Flüchtlinge sind«, zu verhindern beziehungsweise wieder zurückzudrängen.

Im Grunde ist es ja unsinnig, in pauschaler und emotionaler Weise für oder gegen Flüchtlinge zu sein. *Jeder* von uns wünscht sich, dass möglichst wenig Menschen gezwungen sind, ihre Heimat als Flüchtlinge zu verlassen. Aber da dieser Wunsch in der Vergangenheit oft nicht erfüllt werden konnte, in der Gegenwart unerfüllbar ist und auch in der Zukunft immer wieder und aus den verschiedensten Gründen unerfüllt sein wird, geht es darum, die Flüchtlingspolitik, die Einstellung zu Flüchtlingen und das Vokabular in Diskussionen über Flüchtlinge in Übereinstimmung mit unseren europäischen Werten so zu gestalten, dass wir uns – wie es so schön heißt – im Spiegel anschauen können.

Und noch ein letzter Gedanke dazu: Unsere Sicherheit ist wichtig, aber auch die Sicherheit von Menschen, die sich auf der Flucht befinden, darf als Thema nicht beiseitegeschoben werden.

Zu dieser Sicherheit gehört besonders die wirksame Bekämpfung von religiös motiviertem Fanatismus und Terrorismus. Wobei es ein besonderes Qualitätsmerkmal der europäischen Demokratien und europäischer Standards sein sollte, dass dieser Kampf nicht nach dem Grundsatz »Der Zweck heiligt die Mittel«, sondern unter Aufrechterhaltung von Grundrechten und Grundwerten geführt wird.

Frei, gleich und fair leben

Ich möchte an dieser Stelle einen Gedankensprung machen, wobei dieser aber gar nicht so groß ist.

Ich habe – ausgehend vom Thema Aufklärung – die Verbindung zu Menschenrechten und Demokratie hergestellt. Das kompakteste politische Programm der Aufklärung (und vor allem der Französischen Revolution) lautete: Freiheit, Gleichheit, Brüderlichkeit.

Bei der Forderung nach Brüderlichkeit beziehungsweise Geschwisterlichkeit handelt es sich um ein sittliches Gebot, das in gleicher Weise Männer und Frauen umfasst. Es liegt in der Nähe von Nächstenliebe, Solidarität, Rücksichtnahme oder »Compassion« (Mitgefühl), wie Willy Brandt es häufig genannt hat. Es ist eine Absage an Egoismus, Rücksichtslosigkeit und an die schreckliche Formulierung, dass der Mensch der größte Feind des Menschen sei. Hier geht es also um sittliche Werte und ich stimme all jenen zu, die sagen, dass eine Gesellschaft ohne einen Wertekanon nicht lebbar ist. »Politik braucht Gewissen« war auch mein Motto im Präsidentschaftswahlkampf 2004.

Die Forderung nach Brüderlichkeit ist im Kern auch die Grundlage der modernen Sozialpolitik, die sich von einer »Almosen- und Ausgedingepolitik« zur Politik des modernen Sozialstaates weiterentwickelt hat. Vergleicht man Bestands- oder Momentaufnahmen dieser Politik aus den Jahren 1950, 1960, 1970, 1980, 1990 oder 2000 miteinander, so erkennt man eine erfreuliche und weitgehend geradlinige Entwicklung nach oben durch eine ganze Reihe von Reformen, die diesen Namen auch verdient haben. Unser Sozialstaat ist schrittweise geräumiger, gerechter und sicherer gemacht worden.

Es muss zugegeben werden, dass Spitzeneinkommen und -vermögen schon seit längerer Zeit stärker ansteigen als Durchschnittseinkommen und -vermögen, aber bis vor Kurzem wahrscheinlich noch in vertretbaren Relationen.

Diese Balance ist ein wichtiges Element unserer gesellschaftlichen Strukturen und steht mit dem, was wir Sozialpartnerschaft und Sozialstaat nennen, in engem Zusammenhang. Ein wachsendes Ausmaß an nationalen und internationalen statistischen Daten und viele wissenschaftliche Publikationen jüngeren Datums zeigen uns aber, dass die Symmetrie in der Entwicklung zwischen »oben« und »unten« immer mehr gefährdet ist.

Wenn ich vor diesem Hintergrund an manche Formulierungen und Vorschläge im Zusammenhang mit der sogenannten Mindestsicherung denke, dann scheint es mir notwendig, um mehr Augenmaß, mehr soziale Sensibilität und mehr Rücksichtnahme auf Grundgedanken unserer Zweiten Republik zu bitten.

Denn ich bin fest überzeugt, und es gibt auch viele historische Beispiele dafür, dass zwischen sozialer Symmetrie und stabiler Demokratie ein enger und wichtiger Zusammenhang besteht.

*

Was Freiheit und Gleichheit betrifft, handelt es sich um zwei Höchstwerte, die lange Zeit als Gegensatzpaar betrachtet wurden.

Mehr Gleichheit sei nur zulasten von weniger Freiheit und mehr Freiheit nur zulasten von weniger Gleichheit erzielbar, hieß es da. Ich teile diese Auffassung nicht, die vor allem dann entsteht, wenn man Freiheit als Normungebundenheit und Gleichheit als Nivellierung und Auslöschung individueller Verschiedenheiten missversteht.

In Wahrheit ist das Gleichheitsprinzip Ausdruck der längst durchgesetzten – und die Grundlage des demokratischen Prinzips bildenden – Erkenntnis, dass alle Menschen zwar nicht gleich im Sinne von identisch und unterschiedslos, wohl aber gleich im Sinne von gleichwertig und mit gleicher Menschenwürde ausgestattet sind.

Und aufgrund dieser Rechtsgleichheit und der gleichen Menschenwürde haben die Menschen in gleicher Weise Anspruch auf Freiheit, nämlich einander nicht über- oder untergeordnet zu sein, sondern mit dem gleichen Anspruch auf Freiheit ausgestattet zu sein.

Das bedeutet, dass der Wert »Freiheit« mit dem Gleichheitsgrundsatz, der gleichen Menschenwürde und dem Prinzip der Chancengleichheit durchaus kompatibel und vereinbar ist. Mit anderen Worten: Man kann und muss in gleicher Weise für Freiheit und Gleichheit eintreten.

Als Träger dieses Gedankengutes hat im 19. Jahrhundert der Liberalismus eine große Rolle gespielt. Lange

Zeit haben sich in den Regierungen von Kaiser Franz Joseph I. liberale und konservative Ministerpräsidenten abgewechselt und auch die Liste der Wiener Bürgermeister von 1848 bis 1918 ist im Wesentlichen eine Liste liberaler und konservativer beziehungsweise (später) christlichsozialer Bürgermeister. Eine gewisse Zeit lang, insbesondere im Anschluss an die Erfahrungen bei der Niederschlagung der Revolution des Jahres 1848, hat es auch Verschränkungen zwischen liberalem und großdeutschem Gedankengut gegeben, denn manche liberale Gedanken sind auch bei den Großdeutschen auf fruchtbaren Boden gefallen und die großdeutsche Idee des Zusammenschlusses der deutschsprachigen Teile von Österreich und Deutschland hat auch bei manchen Liberalen Anklang gefunden.

Mit dem Aufstieg der christlichsozialen und der sozialdemokratischen Partei in den letzten Jahren des 19. und am Beginn des 20. Jahrhunderts ist die liberale Bewegung in Österreich aber derart geschwächt worden, dass sie in der Ersten Republik keine wesentliche Rolle mehr gespielt hat. Das gilt auch für die ersten Jahrzehnte der Zweiten Republik und hat sich erst in den 1990er-Jahren zu ändern begonnen. (Ich spreche hier von Liberalismus und nicht von dem, was man Neoliberalismus nennt.)

Das deutschnationale Lager war zunächst durch die Niederlage von Deutschland und Österreich im Ersten Weltkrieg, durch den Zerfall der Monarchie und das sogenannte »Anschlussverbot« im Friedensvertrag von

Saint-Germain sehr geschwächt und bildete im österreichischen Nationalrat der Ersten Republik nur die drittstärkste Fraktion. Die soziale Frage hatte größeres Gewicht als die nationale.

Aber der Wiederaufstieg Deutschlands unter Adolf Hitler änderte vieles: Hitler schien sowohl die soziale als auch die nationale Frage lösen zu können. Das war zwar ein entsetzlicher und verhängnisvoller Irrtum, doch die Reste der deutschnationalen Bewegung haben sich auch in Österreich fast zur Gänze den Nationalsozialisten angeschlossen und tragen daher ein hohes Maß an Mitverantwortung für die weitere Entwicklung.

Vor diesem Hintergrund haben sich nach dem Ende des Krieges die Gegner Hitlers geschworen, wachsam zu sein, wenn es jemals nur die geringsten Anzeichen für eine Wiederbelebung jener politischen Inhalte, jenes politischen Stils, jener Form der Agitation sowie jener menschlichen und politischen Rücksichtslosigkeit geben sollte, die in den Dreißigerjahren des vergangenen Jahrhunderts den Weg in die NS-Diktatur geebnet haben.

Ist diese Haltung mit dem Gedanken einer Versöhnung und des Heilens von tiefen, aber alten Wunden vereinbar? Meine Antwort lautet: Ja.

Ich denke dabei an die von mir so hoch geschätzte Rosa Jochmann, die eine schrecklich lange Haft im Konzentrationslager überlebt hat, gefoltert wurde und viele Mithäftlinge sterben gesehen hat. Sie hat auf diese Frage mit fünf Worten geantwortet: »*Verzeihen ja, aber nicht vergessen.*«

Der Trennstrich zum Gedankengut, zum politischen Stil und zum Vokabular der Nationalsozialisten müsse aber – so fügte Rosa Jochmann hinzu – eindeutig, glaubwürdig und unwiderruflich sein.

Dem habe ich nichts hinzuzufügen.

Werte haben

Ein besonders großes Kompliment an ein Land ist es, wenn man sagen kann und auch gesagt wird: Es ist ein friedliebendes Land, eine gefestigte Demokratie, mit einer guten wirtschaftlichen Entwicklung, eine Kulturnation, ein Land mit Lebensqualität und einer offenen Gesellschaft.

Das alles trifft – jedenfalls in beträchtlichem Ausmaß – auf Österreich zu. Am meisten mussten und müssen wir uns wahrscheinlich anstrengen, um das Prädikat »offene Gesellschaft« zu verdienen beziehungsweise beizubehalten.

Von den Leistungen des »Wien um 1900« in den Bereichen Kunst und Wissenschaft zehren wir noch heute. Aber eine »offene Gesellschaft« war Österreich damals sicher nicht und konnte es unter den damals gegebenen Umständen auch nicht sein.

Der Erste Weltkrieg markierte eine Zeitenwende, wo die Karten in vielfacher Hinsicht neu gemischt wurden. Die Verzweiflung über den verlorenen Krieg und den Untergang der Monarchie verband sich mit großen Hoffnungen auf eine »neue Zeit«. Es gab revolutionäre und reaktionäre Tendenzen, doch in keiner Phase der Ersten Republik eine wirklich offene Gesellschaft.

Im Gegenteil: Der Bürgerkrieg von 1934 führte zum autoritären »Ständestaat« und der mündete in den »Anschluss« an Hitler-Deutschland, das zunächst mit seinem Hauptfeind – der Sowjetunion – einen Pakt schloss (»Hitler-Stalin-Pakt«), um bald darauf Krieg gegen die Sowjetunion zu führen. Das war nicht nur ein Krieg der damals mächtigsten Staaten in Europa, sondern auch ein Krieg zwischen zwei antagonistischen Diktaturen und Führerstaaten, die miteinander wetteiferten, welches dieser beiden totalitären Systeme von einer offenen Gesellschaft am weitesten entfernt war und welches die Freiheit der Person, die Meinungsfreiheit, die Freiheit der Kunst und der Wissenschaft, die politischen Grundfreiheiten und die Menschenrechte und Menschenwürde am gründlichsten ausradiert hat. Hitler-Deutschland hat den Krieg verloren und das war für die Zukunft Europas und das Überleben von Millionen Menschen lebenswichtig.

Hitler verübte im April 1945 Selbstmord. Stalin blieb Sieger und starb im März 1953, das Ende des Stalinismus wurde auf dem 20. Parteitag der KPdSU im Februar 1956 eingeläutet und die kommunistischen Systeme Europas kollabierten und implodierten im Jahr 1989.

Aber die beiden Jahrzehnte nach dem Ende des Zweiten Weltkrieges waren allein schon aus »biologischen Gründen« sowohl in Deutschland als auch in

Österreich in mancher Hinsicht noch vom Erbe aus der Zeit vor 1945 belastet.

Als ich 1964 zum ersten Mal vom State Department in Washington zu einer zweimonatigen Studienreise durch die USA eingeladen wurde, habe ich auch eine große Zahl österreichischer Emigranten besucht, darunter Hans Kelsen, Paul Lazarsfeld, Otto und Henry Leichter, Hans Zeisel und viele andere.

Auf die Frage, ob sie nicht eine Rückkehr nach Österreich in Erwägung zögen, haben mir die meisten geantwortet: »Erstens haben wir uns hier eingewöhnt, wir haben hier Freunde gefunden, unsere Kinder sind hier groß geworden, wir wollen nicht noch einmal unseren Lebensmittelpunkt verändern. Zweitens sind wir niemals zur Rückkehr eingeladen worden. Und drittens müssten wir doch damit rechnen, dass sich unter den Leuten, denen wir in Wien in der Kärntner Straße begegnen oder die mit uns in der U-Bahn sitzen oder in einem Restaurant am Nebentisch zu Mittag essen, nach allen Gesetzen der Wahrscheinlichkeit Menschen befinden, die im Jahr 1938 Hitler zugejubelt haben, die sich unter den 800.000 NSDAP-Mitgliedern in Österreich befunden und womöglich noch Schlimmeres zu verantworten haben. Das wollen wir nicht.«

Was sollte ich darauf antworten?

Es waren dann eine neue Generation, manche kritische Publikation, die Studentenbewegung der späten Sechzigerjahre, die sexuelle Revolution (in Teilen der Gesellschaft), der Vietnamkrieg und viele andere Faktoren, die auch in Österreich den Weg zu einer offenen beziehungsweise offeneren Gesellschaft langsam und schrittweise freimachten. Auch die »Kreisky-Jahre« wurden von dieser Grundströmung getragen und hatten gleichzeitig einen großen Anteil an dieser »Öffnung« unserer Gesellschaft.

Was ist eigentlich eine offene Gesellschaft?

Der Ausdruck stammt von Karl Popper, dem im Juli 1902 in Wien geborenen und aufgewachsenen Lehrer und Philosophen, den ich persönlich gut gekannt habe, mit dem ich als Wissenschaftsminister viel zu tun hatte, dessen Bücher ich mit Begeisterung verschlungen habe. Während eines längeren Aufenthaltes in Wien wohnte Karl Popper in Hietzing in der Sebastian-Brunner-Gasse 9 – eine Adresse, an der auch ich mehrere Jahre gewohnt habe.

Als Student war Karl Popper in den ersten Jahren nach dem Ersten Weltkrieg mit dem Kommunismus in Berührung gekommen, hat sich aber sehr bald und sehr entschieden davon abgewendet und auch den aufkommenden Nationalsozialismus – also beide totalitären Systeme – genau und mit wachsendem Abscheu studiert. Er ist 1937 aus Österreich nach Neuseeland geflüchtet und hat dort 1945 – als Antithese zu Kommunismus und Nationalsozialismus – das berühmte Buch *Die offene Gesellschaft und ihre Feinde* geschrieben und sich schließlich in Großbritannien niedergelassen.

Seine These, dass jedes historische Subjekt – also jeder Mensch – zu jedem Zeitpunkt mit seiner Entscheidung den weiteren Lauf der Dinge beeinflussen kann, hat mich ebenso überzeugt wie die Erkenntnis, dass niemand das Recht hat, anderen Menschen einen »verbindlichen Heilsplan« in politischer oder weltanschaulicher Hinsicht aufzuerlegen. Vielmehr muss jederzeit ein offener Meinungsaustausch samt Kritik und Widerspruch möglich sein.

Nicht nur individuelle Machtträger, sondern auch Institutionen müssen sich ausnahmslos der Kritik stellen und veränderbar sein. Wissenschaftliche Erkenntnisse und Hypothesen müssen ebenso falsifizierbar bleiben wie politische Theorien. Dass ich mich irren kann, dass du recht haben kannst (oder umgekehrt), aber dass wir zusammen vielleicht der Wahrheit auf die Spur kommen werden, ist ein Leitgedanke von großer Relevanz für jeden Dialog und auch wichtig für die Zusammenarbeit in der Politik.

Unser Ziel muss eine offene, demokratische, faire, pluralistische Gesellschaft sein und bleiben, Grundrechte müssen geschützt und in der Praxis ernst genommen werden. Eingriffe des Staates sollen auf das Notwendige beschränkt sein.

Manches hitzig diskutierte und weit über seine reale Bedeutung hinaus aufgeblasene Thema würde sich gar nicht stellen, wenn man diesen Grundsatz vernünftig anwendet. Die Forderung nach einem gesetzlichen Verbot der Ganzkörperverhüllung bei der heutigen Bademode islamischer Frauen (Burkini) oder die Kopftuchdiskussion würde nicht den Weg in die Schlagzeilen der

Medien und in Regierungssitzungen finden, wenn man sich zu den Grundgedanken einer offenen Gesellschaft bekennt.

In Israel findet man an den Stränden Mädchen, die »oben ohne« baden, daneben Frauen mit Bikini und am gleichen Strand in Israel wohnende Araberinnen mit »Burkini«, also einer Ganzkörperbadebekleidung. Niemand regt sich auf. Und worüber sollte man sich aufregen? Ist etwa Israel ein Land, dem in Fragen der inneren Sicherheit Sorglosigkeit vorgeworfen werden kann?

Ist es glaubwürdig, einerseits dauernd zu klagen, dass es in Österreich viel zu viele Vorschriften und Regelungen gibt, und gleichzeitig zu verlangen, dass sich Gesetzgeber und Polizei mit der Badebekleidung beschäftigen?

Echte Sicherheitsmaßnahmen sind unverzichtbar, aber weder ein Burkini-Verbot aus Sicherheitsgründen noch ein Bikini-Verbot aus Sittlichkeitsgründen (wie das vor einigen Jahrzehnten ja ebenfalls gefordert wurde) erscheinen mir sinnvoll.

Frauen sollen selbst entscheiden, wie sie sich kleiden.

Auch viele andere Antworten auf wirklich wichtige Fragen ergeben sich aus dem Konzept einer offenen, demokratischen Gesellschaft:

- Fremdenfeindlichkeit ist nicht akzeptabel.
- Eingriffe in die Freiheit der Kunst sind nicht akzeptabel.
- Die Diskriminierung gleichgeschlechtlicher Beziehungen ist nicht akzeptabel.

- Und Antisemitismus oder pauschale Verunglimpfung anderer Kulturen oder Religionen sind schon gar nicht akzeptabel.

Leben wir in Österreich in einer offenen Gesellschaft?

Ich würde sagen: In Österreich gibt es viele Elemente einer offenen Gesellschaft, jedenfalls viel mehr als vor einigen Jahrzehnten. Aber es gibt noch Nachholbedarf und vor allem müssen wir darauf achten, dass Errungenschaften auf diesem Gebiet nicht wieder verloren gehen.

Nur Mut

Jede Wahl, natürlich auch die Wahl eines Bundespräsidenten, hat Einfluss darauf, ob und wie sich unsere Gesellschaft weiterentwickeln kann oder ob wir Rückschläge in Kauf nehmen müssen (und womöglich selbst die Weichen dazu gestellt haben).

Ich habe jetzt zwölf Jahre lang Erfahrungen im Amt des Bundespräsidenten sammeln können.

Ich habe Österreich (noch) besser kennengelernt.

Ich habe sehr viele Österreicherinnen und Österreicher aus den verschiedensten Berufen, Regionen und Generationen kennengelernt.

Ich war auch viel im Ausland unterwegs und habe Erfahrungen mit Repräsentanten dieser Länder gemacht.

Ich bin stolz auf unser Land!

Und ich möchte, dass wir auch in Zukunft stolz auf Österreich sein können und uns die Errungenschaften der Zweiten Republik und unsere Lebensqualität im weitesten Sinn des Wortes erhalten.

Um jedes Missverständnis zu vermeiden: Kritik ist nicht nur erlaubt, sondern notwendig, und zwar sowohl Kritik an Personen als auch an Institutionen, als auch an Handlungen und Unterlassungen. Was ich jedoch ablehne, ist pauschale, verletzende Kritik, die – oft aus parteipolitischen Gründen – alles schlecht macht.

Kritik ist etwas ganz anderes als Verunglimpfung, Beschimpfung oder Verächtlichmachung.

Ich will nicht, dass sich ein politischer Stil entwickelt, der die Menschen massenhaft der Politik entfremdet.

Ich will auch nicht, dass Twitter, Facebook und Co. für anonyme Verleumdungen verwendet werden.

Ich will zum Beispiel auch nicht, dass ein Mensch – ob Politiker oder nicht – mit (noch dazu frei erfundenen und falschen) Mitteilungen über seinen Gesundheitszustand so massiv unter Druck gesetzt wird, dass er, um der unaufhaltsamen Ausbreitung solcher Verleumdungen Grenzen zu setzen, seine medizinischen Befunde veröffentlichen muss.

Auf diese und viele andere Probleme kann und soll ein Bundespräsident – zumindest in gewissem Ausmaß – Einfluss nehmen.

Er kann sich zu Wort melden und wird Gehör finden, wenn er etwas zu sagen hat.

Er hat direkten Zugang zu allen Meinungsbildnern in unserem Lande.

Er kann maßgeblichen Einfluss darauf nehmen, dass Personalentscheidungen möglichst fair und objektiv ausfallen.

Er kann Aufmerksamkeit auf Kunst, Kultur und Wissenschaft lenken und die Bedeutung dieses Bereiches für die österreichische Gesellschaft unterstreichen.

Er spielt eine wichtige Rolle bei der Prägung des Bildes von Österreich in Europa und in der Welt.

Das ist keine Aufzählung der Kompetenzen des Bundespräsidenten, die lassen sich in der Bundesverfassung nachlesen, sondern das sind einige Beispiele, wie der Bundespräsident auch auf das »geistige Klima« und auch die politische Kultur in unserem Land Einfluss nehmen kann.

*

Ich habe zu Beginn berichtet, dass ich mir wünsche, dass es meinen Kindern und Enkelkindern auch in Zukunft gut geht.

Ich werde den Enkelkindern später einmal erzählen, warum ich nach sorgfältiger Überlegung bei der Bundespräsidentenstichwahl am 22. Mai 2016 für Professor Alexander Van der Bellen gestimmt habe, den ich seit Langem kenne und zu dem ich Vertrauen habe.

Bei dieser Wahl ist Professor Van der Bellen bekanntlich mit 50,3 Prozent der Stimmen mit knapper Mehrheit zum Präsidenten gewählt worden, ehe eine Wahlanfechtung der FPÖ wegen verschiedener Verfahrensmängel in einzelnen Wahlbehörden vor dem Verfassungsgerichtshof zu einer Wahlwiederholung führte.

Der Verfassungsgerichtshof hat nicht behauptet, dass bei Vermeidung der aufgezeigten Verfahrensmängel das Ergebnis ein anderes gewesen wäre, und niemand hat behauptet, dass einer der beiden Kandidaten (oder ihr Anhängerkreis) für diese Verfahrensmängel verantwortlich war oder Wahlbetrug zu verantworten hätte.

Ich weiß heute, wo ich diese Zeilen schreibe, noch nicht, welches Ergebnis die Wahl vom 4. Dezember 2016 bringen wird.

Aber ich werde durch meine Teilnahme an der Wahl und durch meine neuerliche Stimmabgabe für Universitätsprofessor Van der Bellen jene (Mit-)Verantwortung übernehmen, die dem Gedanken der Demokratie zugrunde liegt, für die wir alle Verantwortung tragen.

Und darum bitte ich alle wahlberechtigten Österreicherinnen und Österreicher: *Gehen Sie wählen!*

Eine Bilanz

Rede des Bundespräsidenten anlässlich der Beendigung seiner Amtstätigkeit in der gemeinsamen Sitzung des Nationalsrates und Bundesrates

Parlament, 8. Juli 2016

Sehr geehrte Frau Präsidentin des Nationalrates!
Sehr geehrter Herr Präsident des Bundesrates!
Hohes Haus!
Sehr geehrter Herr Kardinal!
Sehr geehrter Herr Bundeskanzler und verehrte Mitglieder der Österreichischen Bundesregierung!
Hochverehrte Gäste!
Liebe Österreicherinnen und Österreicher!

Lassen Sie mich zunächst aufrichtig danken für die ehrenvolle Verabschiedung in diesem Kreis, im Herzen der österreichischen Demokratie, und für die ehrenden Worte, die soeben für meine zwölfjährige Tätigkeit als Bundespräsident der Republik Österreich gefunden wurden.

Schon Bundespräsident Dr. Rudolf Kirchschläger hat am 8. Juli 1986, also auf den Tag genau vor 30 Jahren, vom »abschiedsbedingten Wohlwollen« gesprochen, das er in den Worten seiner Vorredner erkennen konnte, was aber seine Dankbarkeit in keiner Weise verringerte.

Das gilt auch für mich.

*

Hoch geschätzte Damen und Herren!
Schon seit Wochen und Monaten war ich neugierig auf den letzten Tag meiner Amtszeit als österreichischer Bundespräsident und habe oft mit meiner Frau über diesen besonderen Tag gesprochen, wo man in der Früh als Bundespräsident aufsteht und den Tag als ehemaliger Bundespräsident beschließt.

Und jetzt ist es so weit:

Ich stehe vor Ihnen, meine sehr geehrten Damen und Herren, liebe Österreicherinnen und Österreicher, und habe die Gelegenheit, mich zu bedanken, in knapper Form Rechenschaft abzulegen und mich zu verabschieden.

Allein der Rahmen, in dem dies geschieht, nämlich der Alte Reichsratssitzungssaal in unserem ehrwürdigen Parlamentsgebäude, das so viel an Zeitgeschichte erlebt hat, bedeutet mir sehr viel.

Es war der 2. Jänner 1962 – also vor mehr als 54 Jahren – als ich in diesem Haus als Jurist zu arbeiten begann.

Präsident des Nationalrates war damals Leopold Figl, aber mein Chef war der Zweite Präsident des Nationalrates, Friedrich Hillegeist – ein gestandener Gewerkschafter und ein wandelndes Geschichtsbuch.

Er war zum Beispiel im März 1938 ein Sprecher jener Gruppe illegaler Sozialisten, die im aller-, allerletzten Augenblick versucht haben, mit Bundeskanzler Dr. Schuschnigg – trotz allem, was sie trennte – Gespräche und Verhandlungen zu führen, um den Anschluss-Putsch der Hitler-Anhänger abzuwehren und die Selbstständigkeit Österreichs durch gemeinsames Handeln der Bürgerkriegsgegner des Jahres 1934 noch zu retten.

Aber es war zu spät!

Das Gift des nationalsozialistischen Gedankengutes war bereits viel zu weit und zu tief in das Denken und Fühlen allzu vieler Österreicherinnen und Österreicher eingedrungen.

Wer zu spät kommt, den bestraft die Geschichte!

Eine der Schlussfolgerungen daraus lautet: Man muss bereit sein, aus der Geschichte zu lernen und die Sinne zu schärfen für Chancen, für Fehlentwicklungen oder für Gefahren.

*

Geschätzte Mitglieder des Nationalrates
und des Bundesrates!

Viele Ereignisse, die mich tief beeindruckt haben, verbinden mich mit diesem Saal. In jüngster Zeit natürlich auch die beiden Sitzungen der Bundesversammlung vom 8. Juli 2004 und vom 8. Juli 2010 zum Zwecke der Angelobung für meine beiden Amtsperioden als Bundespräsident.

Mein Vater und meine Mutter – beide im April 1908 geboren – haben die zuletzt genannten feierlichen Momente leider nicht mehr erlebt.

Aber mein Schwiegervater, Otto Binder, der zwei Konzentrationslager, nämlich Dachau und Buchenwald, überlebt und dann als Flüchtling in Schweden Asyl bekommen hat – eine Tatsache, von der mein Verhältnis zu den Themen Asyl und Flüchtlinge nicht unbeeinflusst geblieben ist –, hat meine Angelobung heute vor zwölf Jahren in seinem 94. Lebensjahr von der Galerie aus noch miterlebt. Er hat es als Höhepunkt eines zutiefst ersehnten Versöhnungs- und Heilungsprozesses empfunden, dass ein ehemaliger KZ-Häftling, der schließlich in Schweden Asyl gefunden hat, es lange nach seiner Rückkehr in die Heimat noch erleben durfte, dass der Mann seiner in Schweden als Flüchtlingskind geborenen Tochter zum österreichischen Bundespräsidenten gewählt wurde.

*

Meine sehr geehrten Damen und Herren!

Ich bitte, mir an dieser Stelle eine aktuelle Anmerkung zum Thema Flüchtlinge zu erlauben, das uns alle sehr beschäftigt. Ich wende mich nicht gegen Auffassungen und Sätze wie zum Beispiel »Österreich kann nicht alle Flüchtlinge in unbegrenzter Zahl aufnehmen« oder »Das Flüchtlingsproblem kann nicht primär an unseren Staatsgrenzen gelöst werden, sondern muss vor allem in den Herkunftsländern der Flüchtlinge gelöst werden«.

Allerdings fehlt da noch ein weiterer Satz, welcher etwa lauten muss: »Wir sind aber bereit, im Rahmen unserer Möglichkeiten und nach besten Kräften zu helfen und die Menschenwürde von Flüchtlingen hoch zu halten.«

Denn unsere Flüchtlingspolitik sollte sowohl durch Rationalität als auch durch Humanität geprägt sein. Nur eines der beiden wäre zu wenig!

*

Meine hoch geschätzten Damen und Herren!

Wenn ich zum Abschluss meiner zwölfjährigen Tätigkeit als Bundespräsident eine kurze Bilanz versuchen darf, dann kann es sich nicht primär um eine Bilanz der Zahlen, der wirtschaftlichen Entwicklung oder anderer quantitativer Veränderungen handeln, denn der Bundespräsident ist kein Staatsorgan, dem in erster Linie operative Aufgaben übertragen sind.

Dessen war ich mir immer bewusst.

Ich habe daher in meiner Antrittsrede vor genau zwölf Jahren an dieser Stelle Verfassungstreue und gewissenhafte Erfüllung meiner Pflichten versprochen.

Ich habe versprochen, ein fairer Partner für alle Bemühungen um eine friedliche und gedeihliche Entwicklung unseres Landes zu sein.

Ich habe versprochen, mein Amt objektiv und unparteiisch auszuüben.

Ich habe einen verantwortungsbewussten und ehrlichen Umgang mit der Geschichte unseres Landes zugesagt.

Ich habe mich für ein vereintes und friedliches Europa ausgesprochen und hinzugefügt, dass ich ein starkes Bekenntnis zur österreichischen Heimat einerseits und eine europäische Gesinnung andererseits nicht als Gegensätze betrachte.

Und ich habe zugesagt, in meiner Amtsführung meinen großen Respekt für die Leistungen von Wissenschaftler/innen und Künstler/innen sichtbar zu machen und auch einen respektvollen Umgang mit den Religionsgemeinschaften in Aussicht gestellt.

Heute, zwölf Jahre später, darf ich vom gleichen Rednerpult aus sagen, dass ich mich um die Beachtung dieser Grundsätze und Ziele aufrichtig bemüht habe.

Das letzte Urteil darüber, in welchem Umfang das gelungen ist, liegt aber nicht bei mir, sondern bei der österreichischen Bevölkerung!

Hohes Haus!

Ich bin 1938 geboren, habe im Herbst 1944 mit dem Besuch der Volksschule begonnen und das Ende des Zweiten Weltkrieges schon bewusst – wenn auch als Kind – erlebt.

Seither sind 71 Jahre vergangen.

Sieben Jahrzehnte sind nicht nur im Leben eines Menschen, sondern auch im Leben eines Staates, einer Gemeinschaft, eine lange Zeit.

70 Jahre, das ist genauso lange wie vom Revolutionsjahr 1848, also dem Ende der Ära Metternich, bis zum Jahr 1918, dem Ende des Ersten Weltkrieges und der Monarchie.

Oder genau so lang wie die Zeit von der Revolution Lenins und dem Beginn der Sowjetherrschaft bis zum Fall der Berliner Mauer und dem Zusammenbruch der kommunistischen Diktaturen in Europa.

Ist uns eigentlich bewusst, wie viel sich in unserer schnelllebigen Zeit in 70 Jahren verändert beziehungsweise verändert hat?

Leben heißt Veränderung.

Das gilt für die Natur, für den Menschen, für die Politik und für unsere Gesellschaft insgesamt.

Veränderung ist oft unbequem, schmerzhaft und anstrengend. Veränderung kann zunächst Angst und Unbehagen hervorrufen.

Aber auf Veränderung zu verzichten kann noch viel schmerzhafter werden.

Das ist auch meine Sorge zum Thema Populismus: Dass nämlich unser Handlungsspielraum immer mehr auf das momentan Populäre eingeschränkt werden könnte und damit das längerfristig Notwendige immer mehr in die Defensive gerät und in den Hintergrund gedrängt wird.

Wenn Österreich in der Spitzengruppe europäischer Staaten bleiben will, muss es auch in Bezug auf Leistung und Bereitschaft zur Veränderung weit vorne stehen.

Leistung muss honoriert werden.

Aber auch die Leistungsgesellschaft darf nicht inhuman oder unsozial sein oder werden; das heißt, sie muss auch für Leistungsschwächere menschenwürdige Lebensbedingungen anbieten können.

Leistungsgesellschaft und Sozialstaat müssen nicht nur vereinbar sein, sondern durch aktives Handeln vereint werden.

*

Liebe Österreicherinnen und Österreicher!

In den jüngsten Diskussionen rund um das Amt des Bundespräsidenten und auch im Wahlkampf selbst ist häufig die Frage gestellt worden: Wie viel Macht braucht der Bundespräsident zur Erfüllung seiner Aufgaben? Hat er zu viel Macht, wie manche befürchten? Oder zu wenig Macht, wie andere behaupten?

Meine Meinung dazu lautet: Der Bundespräsident ist von der Bundesverfassung mit einer Reihe von Machtbefugnissen ausgestattet, um auch in sehr schwierigen und kritischen Situationen ordnend und stabilisierend in das politische Geschehen zum Wohle der Allgemeinheit eingreifen zu können.

Wenn von manchen dieser Befugnisse seit Beginn der Zweiten Republik kein Gebrauch gemacht werden musste, spricht das nicht gegen die Verfassung, sondern für die Reife und Stabilität unseres politischen Systems und auch für das Augenmaß der vom Volk gewählten Bundespräsidenten.

*

Hohes Haus!

Ich hatte es in meiner Amtszeit als Bundespräsident zunächst mit einer ÖVP-FPÖ-Koalition und dann mit einer SPÖ-ÖVP-Koalition zu tun.

Ich hatte vier Bundeskanzler als Partner, nämlich Wolfgang Schüssel, Alfred Gusenbauer, Werner Faymann und jetzt Christian Kern, und fünf Vizekanzler und habe mit allen gut zusammengearbeitet. Dazu kommen zahlreiche weitere Regierungsmitglieder und andere Staatsorgane, denen ich ebenfalls für gute Kooperation dankbar bin. Das gilt auch für die Vorsitzenden der Parlamentsfraktionen und für die Abgeordneten zum National- und Bundesrat.

Ich hatte bei der Wahrnehmung meiner Aufgaben immer das gute Gefühl, dass unsere Verfassung eine solide Grundlage für die Tätigkeit des Bundespräsidenten bietet. Diese Verfassung sieht auch einen mit weitreichenden Kontroll- und Korrekturkompetenzen ausgestatteten Verfassungsgerichtshof vor.

Dieser Verfassungsgerichtshof hat vor einer Woche eine sehr weitreichende Entscheidung getroffen, indem er eine Wiederholung des zweiten Wahlganges der Bundespräsidentenwahl vom 22. Mai 2016 angeordnet hat.

Der Präsident des Verfassungsgerichtshofes hat zwar ausdrücklich festgehalten, dass keine Anhaltspunkte für »tatsächliche Manipulationen«, also für Wahlbetrug, aufgetaucht sind – was ich für sehr wichtig halte. Es ist aber dennoch sehr schmerzlich, dass bei der Wahl vom 22. Mai 2016 eine Vielzahl von Regelverletzungen festgestellt werden musste und die Österreicherinnen und Österreicher im Zuge der Bundespräsidentenwahl 2016 für 2. Oktober* nunmehr zum dritten Mal zu den Wahlurnen gerufen werden.

Dennoch haben die führenden politischen Persönlichkeiten unseres Landes – und auch ich als Bundespräsident – diese Entscheidung mit Nachdruck verteidigt.

Erstens: Weil es zu den Grundregeln unseres demokratischen Systems gehört, Entscheidungen des Verfassungsgerichtshofes zu respektieren – es hat ja in der Vergangenheit auch schon gegenteilige Verhaltensweisen gegeben.

Und zweitens: Weil das ein wesentlicher Beitrag dazu ist, jedweden Zweifel an der Korrektheit der Wahl meines Nachfolgers auszuräumen.

Was wir – vor diesem Hintergrund – aber erwarten dürfen, ist, dass Stil und Inhalt der bevorstehenden Wahlwerbung vernünftigen Ansprüchen in puncto Redlichkeit und Fairness gerecht werden.

Ein langjähriger Freund von mir, der Grazer Schriftsteller Gerhard Roth, hat vor wenigen Tagen den Großen Österreichischen Staatspreis für Literatur bekommen. Er hat seine Dankesrede genutzt, um ein Plädoyer gegen jede Form von

* Die Bundespräsidentenstichwahl wurde nun auf den 4. Dezember 2016 verschoben.

Hass und Gewalt zu halten. Er hat auf die zerstörerische Kraft des Hasses hingewiesen. Ich stimme ihm zu, wenn er sagt: »Wer hat noch keine Postings im Internet gelesen, die dem geheimen Hass – geschützt durch die Anonymität des Verfassers – Ausdruck verleihen, oder Beschimpfungen unbekannter Anrufer am Telefon gehört? (...) Und aus dem Hass in den Köpfen entsteht der Hass in Wort und Tat.«

Er hat recht und wir sind in Österreich und in ganz Europa aus vielen Gründen zu einer breiten Koalition gegen Hass und Gewalt verpflichtet. Es geht um sehr viel!!!

*

Meine sehr geehrten Damen und Herren!
Liebe Gäste!

Der Bundespräsident hat durch den Artikel 80 der Bundesverfassung zum Bundesheer und zur Landesverteidigung eine besondere Beziehung. Die großartige und eindrucksvolle Abschiedsveranstaltung des Bundesheeres gestern Abend, für die ich mich herzlich bedanke, hat das wieder einmal bestätigt.

Ich habe während meines Studiums der Rechtswissenschaften an der Universität Wien den damals neunmonatigen Präsenzdienst beim Österreichischen Bundesheer absolviert und in weiterer Folge als Parlamentarier und Präsident des Nationalrates immer wieder Kontakte zum Bundesheer gehabt.

Aber erst als Bundespräsident habe ich die wichtige und sensible Rolle des Bundesheeres in ihrem vollen Umfang kennen- und schätzen gelernt.

Vor wenigen Wochen habe ich dem Generalstabschef und anderen hohen Offizieren des Bundesheeres bei einer eindrucksvollen internationalen Gebirgsübung in Tirol versprochen, heute bei dieser Abschiedsrede die Bedeutung und die Leistungen des Österreichischen Bundesheeres im In- und Ausland zu würdigen und die dringende Bitte auszusprechen, das Österreichische Bundesheer in ideeller und materieller Hinsicht im notwendigem Maße zu unterstützen. Dieses Versprechen darf ich hiermit einlösen.

Eine weitere Bestimmung der österreichischen Bundesverfassung besagt, dass der Bundespräsident die Republik Österreich nach außen vertritt.

Er tut dies in enger Zusammenarbeit mit dem Außenminister beziehungsweise mit der Bundesregierung und anderen Institutionen wie zum Beispiel den Sozialpartnern. Und kein Staat der Welt kann es sich heute leisten, dem internationalen Gedankenaustausch und damit seinem Platz in der Völkergemeinschaft keine oder nur geringe Aufmerksamkeit zu widmen. Die internationale Vernetzung der Staaten und der Staatsorgane ist in den letzten Jahren und Jahrzehnten rasant gestiegen und hat an Bedeutung enorm zugenommen.

Vor diesem Hintergrund möchte ich sagen, dass mir die in Großbritannien erfolgte Weichenstellung in Richtung eines Austritts aus der EU sehr bedauerlich und kurzsichtig erscheint. Dies umso mehr, als bei den Brexit-Befürwortern nach ihrem Erfolg an den Wahlurnen nur wenig an klarer Strategie und Verantwortungsbereitschaft für die nunmehr gegebene Situation erkennbar ist.

Für Österreich muss die weitere aktive Mitarbeit an den Zielen und Werten einer Europäischen Friedenspolitik und am Projekt der Europäischen Zusammenarbeit ein zentraler Punkt unserer Politik bleiben.

Die Europäische Union ist verbesserungsbedürftig, aber für Europa unersetzlich.

*

Liebe Österreicherinnen und Österreicher!

Damit bin ich beim letzten und angenehmsten Teil meiner Ausführungen vor dem Nationalrat und Bundesrat angelangt, nämlich bei der Möglichkeit, noch einmal und zusammenfassend Danke zu sagen.

Ich beginne bei den Mitarbeiterinnen und Mitarbeitern der Präsidentschaftskanzlei, die in ihrer Summe ein ganz hervorragendes Team sind.

Wenn ich fast immer gerne und gut gelaunt in das Büro in der Hofburg gegangen bin, dann lag und liegt das zu einem nicht unbeträchtlichen Teil an den exzellenten und hoch motivierten Mitarbeiterinnen und Mitarbeitern in der Präsidentschaftskanzlei, mit denen zu arbeiten ein Vergnügen ist.

Ich bedanke mich weiters bei allen Frauen und Männern, die in unserer Republik in den verschiedensten Funktionen tätig sind und mit denen ich in den vergangenen zwölf Jahren vertrauensvoll zusammenarbeiten durfte.

Ich entbiete von dieser Stelle einen herzlichen und respektvollen Gruß an alle Staatsoberhäupter und Gesprächspartner, denen ich als Vertreter der Republik Österreich in den vergangenen zwölf Jahren in vielen Ländern begegnet bin. Gerade heute möchte ich ihnen neuerlich und mit Nachdruck sagen, dass Österreich ein friedliches, stabiles und den europäischen Werten fest verbundenes Land ist, um dessen stark verankertes demokratisches und rechtsstaatliches System und um dessen wirtschaftliche Stabilität sich niemand in Europa und in der Welt Sorgen machen muss.

Und ich grüße in dankbarer Verbundenheit alle Österreicherinnen und Österreicher sowie alle Menschen, die in unserem Land leben und sich hier heimisch fühlen.

Ein besonderes Bedürfnis ist es mir auch, meiner Frau Margit zu danken, die mir in diesen zwölf Jahren in ganz besonderer Weise zur Seite gestanden ist und zu meiner Arbeit viel mehr beigetragen hat, als man das von außen erkennen oder ahnen kann.

Meine Schwester, Dr. Edith Stumpf, und meine Kinder Lisa und Philip schließe ich in diesen Dank voll und ganz ein.

Meinem Nachfolger im Amt des Bundespräsidenten wünsche ich den besten Erfolg bei der Erfüllung dieser wichtigen und schönen Aufgabe.

Es lebe unser schönes Land, die Republik Österreich, sowie ein friedliches und demokratisches Europa!

(Langanhaltender, stehend dargebrachter Beifall; Mitglieder der Wiener Philharmoniker tragen die erste Strophe der Bundeshymne vor, die von den Anwesenden stehend mitgesungen wird. Neuerlich anhaltender Beifall)

Vor der Weichenstellung

Gerade noch rechtzeitig vor der Wahl des nächsten Bundespräsidenten meldet sich unser bisheriger Bundespräsident Heinz Fischer zu Wort. Aber es ist nicht nur eine Wortmeldung, mit der sich Fischer an alle Österreicherinnen und Österreicher wendet. Es ist ein Weckruf, ein Appell. Fischer sorgt sich um Österreich, und das ist mit dieser Wahl verbunden. Denn die mit dieser Wahl »verbundene Weichenstellung wird nachhaltige Auswirkungen haben – gerade auf das Thema der Menschenrechte und der Achtung der Menschenwürde, aber auch auf viele andere Themenfelder. Diese Entscheidung wird daher mit großer Sorgfalt zu treffen sein.«

Weshalb ist das so? Auf diese Frage geht Fischer sorgfältig ein, dabei beruft er sich auf seine Erinnerungen, auf das, was er selbst erlebt und zum guten Teil auch noch mitgestaltet hat. Die Demokratie in Österreich, so meint er, sei nicht so selbstverständlich und unzerstörbar, wie viele glauben. Österreich habe dies in den Dreißigerjahren des vergangenen Jahrhunderts durchaus selbst erlebt, als das Parlament ausgeschaltet und die Demokratie abgeschafft wurde, Unversöhnlichkeit und Hass waren damals an der Tagesordnung, und zwei Bürgerkriege führten das Land direkt in den Untergang, in die Besetzung durch die Truppen Hitlers. Und wie Dominosteine fielen bald darauf auch andere europäische Staaten und ihre demokratischen Strukturen wurden rücksichtslos zerstört. »Die Begleitmusik dazu war eine aggressive und gehässige

Sprache, in der politische Gegner und fortschrittliche, humanistische Ideen wild beschimpft wurden, das Parlament als ›Quatschbude‹ denunziert wurde, Antisemitismus und Ausländerfeindlichkeit salonfähig waren und nach dem ›starken Mann‹ als ›Führer‹ gerufen wurde«, schreibt Fischer. Und er fährt fort: »Immer, wenn ich solche Töne oder Anklänge an derartige Töne höre, werde ich sehr nachdenklich und hellwach. Ich bin überzeugt, dass die Demokratie heute – trotz allem – viel stabiler ist, als das in der Zeit zwischen den beiden Weltkriegen der Fall war. Aber sie ist nicht unzerstörbar«, mahnt Fischer. »Sie bedarf solider ökonomischer Grundlagen, sie braucht Toleranz und Fairness sowie Menschen, die bereit sind, sie zu verteidigen. Sie darf nicht durch eine hasserfüllte Sprache, durch die Erfindung von Sündenböcken, das Schüren von Emotionen oder durch einen sorglosen Umgang mit der Verfassung und dem Rechtsstaat in Gefahr gebracht werden. Worte und Sprache können eine sehr gefährliche Waffe sein ...«

In diesem Zusammenhang warnt Fischer vor Populismus und den Populisten. Fischer erinnert daran, dass Österreich an zwei grundsätzliche Deklarationen gebunden ist, an die Erklärung der Menschen- und Bürgerrechte, die schon im Zuge der Französischen Revolution beschlossen wurde, und in der es heißt: »Die Menschen werden frei und gleich an Rechten geboren und bleiben es«, wiederholt von der Menschenrechtsdeklaration der Vereinten Nationen, deren Artikel 1 klar und einprägsam formuliert: »Alle Menschen sind frei und gleich an Rechten und Würde, sie sind mit Vernunft und Gewissen begabt und sollen einander in Gleichheit und Brüderlichkeit begegnen.« Dazu Fischer in diesem Appell: »Jene ... Deklarationen ... bilden ein solides Fundament für eine humane und menschenwürdige Gesellschaft und schaffen auch eine klare Abgrenzung gegen Rassismus und gegen die Diskriminierung fremder Religionen oder Kulturen.«

Fischer spricht die aktuellen Probleme dann direkt an. Zu der Flüchtlingsfrage stellt er fest: »Jene Menschen, die sich im Vorjahr an Aktionen beteiligt haben und heute noch beteiligen ... sollen sich dafür meines Erachtens weder rechtfertigen noch verteidigen und schon gar nicht schämen müssen. Ganz im Gegenteil: Schämen muss man sich für mangelnde Hilfsbereitschaft oder für Feindseligkeit gegenüber Menschen in Not aus anderen Ländern oder Kulturen und ganz besonders für den Versuch, aus der Not von Menschen politisches Kapital zu schlagen!«

Fischer erwähnt auch den »Brexit«, den angestrebten Austritt Großbritanniens aus der Europäischen Union. Er hält diesen Schritt für nicht klug. Und er warnt davor, auch nur ansatzweise mit dem Gedanken zu spielen, Österreich könnte die EU verlassen. Nichts ist wichtiger als das Zusammenleben der europäischen Staaten in einer Welt der großen Blöcke. Der österreichische Bundespräsident »muss unter den europäischen Staatsoberhäuptern nicht nur als Vertreter seines Landes präsent sein, sondern auch ein europäischer Teamspieler sein, der glaubwürdig und erfolgreich am Gesamterfolg des europäischen Projektes mitwirken will und mitwirken kann ... Zu sagen, dass man nicht mehr ganz so eindeutig wie vor einem Jahr einen Austritt aus der EU in Erwägung zieht, ist viel zu wenig.

Auch die Bundesregierung muss eine klare, einheitliche und eindeutige Europapolitik verfolgen. Österreich hat seine Rechte und Pflichten, und Europa hat seine Rechte und Pflichten. An der Verbindung und Harmonisierung dieser beiden Grundtatsachen muss hart gearbeitet werden.«

Heinz Fischer unterstreicht noch einmal die Bedeutung des Bundespräsidenten für den gesellschaftlichen Zusammenhalt in Österreich und geht auf die Aufgaben des Bundespräsidenten ein: Er kann sich zu Wort melden, er wird Gehör finden, er hat direkten Zugang zu allen führenden Persönlichkeiten im Lande, er hat maßgeblichen Einfluss auf die Personalentscheidungen, damit diese möglichst fair und objektiv ausfallen, er kann Aufmerksamkeit auf Kunst, Kultur und Musik lenken, er spielt eine wichtige Rolle bei der Prägung des Bildes Österreichs in der Welt.

Fischer zieht daraus folgende Konsequenz: Wir haben also nicht nur das Recht, sondern die Pflicht, durch welche Wahlentscheidung wir diese Chance nützen und diesem Land am besten dienen können. Fischer meint: »Es mag manchmal schwer sein, sich zwischen einzelnen Parteien oder demnächst einzelnen Kandidaten zu entscheiden. Wenn man der Glaubwürdigkeit entsprechendes Gewicht beimisst und wenn man an die langfristigen Auswirkungen des Wahlresultats denkt und überlegt, welche Entscheidung uns bei unseren Anstrengungen und Interessen im internationalen Bereich hilft und nützt, wird man in der Lage sein, eine Entscheidung zu treffen.« Er selbst, Fischer, gibt seine Entscheidung bekannt: »Ich werde den Enkelkindern später einmal erzählen, warum ich nach sorgfältiger Überlegung bei der Bundespräsidentenstichwahl am 22. Mai 2016 für Professor Alexander Van der Bellen gestimmt habe, den ich seit Langem kenne und zu dem ich Vertrauen habe ... Ich weiß heute, wo ich diese Zeilen schreibe, noch nicht, welches Ergebnis die Wahl am 4. Dezember 2016 bringen wird.

Aber ich werde durch meine Teilnahme an der Wahl und durch meine neuerliche Stimmabgabe ... jene (Mit-) Verantwortung übernehmen, die dem Gedanken der Demokratie zugrunde liegt, für die wir alle Verantwortung tragen.«

Das ist ein offener, ein leidenschaftlicher Appell unseres früheren Bundespräsidenten, mit ihm wendet er sich an den Verstand und die Herzen der Österreicherinnen und Österreicher – und das tut er nicht nur emotional, in diesem Büchlein erklärt er sorgfältig die historischen Gründe und zählt seine eigenen reichen Lebenserfahrungen auf, die ihn zu diesem Appell bewogen haben. Ein wichtiges und mutiges Buch.

Hugo Portisch